发达地区农村薄弱学校
体育与艺术
校本课程开发与实践

周少伟 / 编著

东北师范大学出版社

长春

图书在版编目（CIP）数据

发达地区农村薄弱学校体育与艺术校本课程开发与实践 / 周少伟编著. — 长春：东北师范大学出版社，2021.3

ISBN 978-7-5681-7520-3

Ⅰ.①发… Ⅱ.①周… Ⅲ.①农村学校—体育教育—教学研究②农村学校—艺术教育—教学研究 Ⅳ.①G725

中国版本图书馆CIP数据核字（2021）第055013号

□责任编辑：石　斌　　　　　□封面设计：言之凿
□责任校对：刘彦妮　张小娅　□责任印制：许　冰

东北师范大学出版社出版发行

长春净月经济开发区金宝街 118 号（邮政编码：130117）

电话：0431-84568023

网址：http://www.nenup.com

北京言之凿文化发展有限公司设计部制版

北京政采印刷服务有限公司印装

北京市中关村科技园区通州园金桥科技产业基地环科中路 17 号（邮编：101102）

2022年4月第1版　2024年1月第2次印刷

幅面尺寸：170mm×240mm　印张：11.25　字数：189千

定价：45.00元

前言

随着新课改的不断推进，以特色办学为目标的校本课程开发早已经从"理念"和"价值"走向"实践"和"现实"。新课改以来，三级课程管理在幅员辽阔的中国大地上让特色学校如雨后春笋般拔地而起。但一线教师和中高层领导者更多着眼于实践层面，较少深入思考特色办学可持续发展的缘由和发展，即尽管做了很多实践活动，却忘记思考其背后的价值。

我们不禁思考：科学技术愈加发达的今天，如何在课改下展望未来，让我们的教育真正实现促进人的全面发展？我们的教育价值又应该如何体现？

自2004年开始，以"寻找黄飞鸿足迹"课题为支点的体育与艺术课程的实践正式拉开帷幕，这是一场充满挑战和希望的"教育旅途"，这是一场具有时间积淀的课程实践研究，这是一份已经书写答案的"考卷"，这是一场凝聚一代人的付出并连接下一代人持续努力的持续战役。在这之前，一切早已悄然发生；在这之后，一切必将乘风破浪，蜕变成教育想要成为的样子。

我们追溯学校的发展历程，分析学校发展的重要经验，探索学校发展的策略和动力，这将有利于学校的不断进步，发现教育发展的内在规律，也能更好地促进人的全面发展。回顾以往，虽然我们在特色学校方面已经做出了一定的探索，但更多地停留在实践中，处于零散分布的状态，其为"实然"；我们要让这种行动方案形成具体框架，将其梳理成系统化的理论层面，这是"应然"的状态。这种"实然"和"应然"相互融合，遵循了课程发展实践逻辑和学术逻辑的思路：理论联系实际，实践充实理论。

当我们开始研讨这本书撰写的结构逻辑时，学校特色发展研究的成员经过多番讨论，最终决定从时间维度上展开，以体育与艺术特色课程为何而来、如何发展、将向何处去等方面进行研究。我们认为，这能够最直接、最简单明了地向读者呈现一个完整的时间脉络，但每章内容不是泛泛而谈、一笔带过，而是每章内容分明、铺陈有序，既能照顾到本书的逻辑性，又能达到内容翔实的效果。具体而言：第一章、第二章是站在时代背景下对政策及体育与艺术课程开发在理论层面的解读和思考；第三章到第七章是概述了民乐小学的发展历程，包括发展面临的现状、课程内容体系设计、实施过程、保障机制以及至此收获的相关成效；第八章是把微观扩大到宏观的角度下反思乡村学生的中国梦，展望农村薄弱学校未来的发展之路。

诚然，不少学校对校本课程实践付出了巨大的努力，毫无疑问的是，他们所做的探究都构成了课程资源库中的瑰宝。但特色校本课程的实践也并非无懈可击，如何权衡好三级课程管理的关系，如何将学校教学理念和课程教学相融合，如何将实践中探索的教育规律上升到科学的理论层面……这些都是我们一直在思考的方向。正是鉴于这些困惑，民乐小学将结合自身的发展，系统梳理学校的发展历程，以学生为中心，以体育与艺术校本课程为基点，对特色课程开发的整体设计、教学实施、实施保障、相应成效等分别加以讨论。本书叙述间加以评析，理论兼以实例，具有较强的系统性和实用性，这是本书最突出的亮点。

尽管十余年来的探索中，我们在校本课程下进行了大量的探索，积累了丰富的实践经验，同时取得较大的成就和社会认可，然而我们对体育与艺术校本课程的实践还没有结束，也不可能结束。我们始终相信，课程与教育相伴，而特色课程与常规课程相随，对体育与艺术课程的开发与实践绝非课程管理和课程改革上的"特殊事件"，而是"可持续发展事件"。只要学校教育继续发展下去，特色课程的开发就具有合理性。因为我们关注的是学生核心素养的培养，重视学生创新精神、实践能力、责任心以及行为习惯的养成等，在这种教育观念下的课程活动的设计富有新意，既符合现代教育发展的方向，又能适应当代社会要求和学生个性发展的需求。

历经了十余年的探索和实践，我们将继续在教学过程中探索特色课程如何更加符合学生身心发展的规律，将科学的教学方法、策略和路径带到日常工作和生活中，使之成为"常态化"。我们立足于区域资源，扎根于学校，根植于教师，收获于课堂，让学生在体育与艺术的殿堂中快乐、健康地学习、成长。

纵观同辈学校，不少课程改革实验基地都创造出许多具有中国特色的课程开发经验，我们也在学习、在反思、在发展。同时，我们也希望我们提炼的办学经验可以为其他学校带来借鉴和参考，期待更多理论工作者和实践工作者共同参与、共同沟通和共同探讨。最后，谨向关心支持本课题研究的领导以及参与研究的专家、教师表以崇高的敬意!

本书是在积累多年的教学经验和探索研究的基础上撰写的一部教材式的著作,对农村地区学校特色课程进行了理论上的梳理和实践的检验,为处于困境中的农村学校寻求转型和发展提供经验,同时也是对农村学校特色体育与艺术课程的一次尝试性的探讨。

以上只是就本书有关内容做了一些简要的说明,以利于读者对本书的阅读、理解和使用。我们也感谢这本书的参与者,感谢他们的支持,他们为此付出了时间与心血。

本书是一本著作式的课程,笔者想对特色体育与艺术校本课程的理论范畴和理论逻辑提出自己的见解,但对于把著作写成课程还缺乏经验,不当之处,恳切希望得到同人们的指导和帮助,以使本书在形式和内容上日臻完善。

目录

绪 论

《中国教育改革发展纲要》中明确提出，我国教育事业的发展要着眼于提高质量和效益。然而薄弱学校所占比例很高，尤其是在义务教育阶段。薄弱学校的存在已经成为整个教育发展的突破性难题，这影响着社会对农村学校的认知和评价。面对薄弱学校的发展问题，如何实现改薄创优，我们要把校本课程当作实践载体，解决薄弱学校的实际问题，提高农村薄弱学校的社会信誉。可以看到，发达地区的农村薄弱学校和欠发达地区的农村薄弱学校是具有共性和个性的差别的。笔者希望通过以特殊到一般的归纳推理逻辑思路（即以发达地区农村薄弱学校的体育与艺术校本课程的实践探究）真正实现学校发展、学生进步的目的。

"校本课程开发"一词是1973年由菲吕马克（Furumark·A·M）和麦克来伦（M-cMullen·I）两位学者在爱尔兰阿尔斯特大学召开的国际课程研讨会上提出的。[①] 课程是学校教育的载体，为学生提供更好的教育就意味着为学生提供更好的课程。[②] 国家课程面向的是全体学生，旨在为国家、为社会培养符合社会规范的人，而校本课程面向的是个体学生，旨在促进学生的个性发展。显然，国家课程是校本课程的引领，校本课程是国家课程的补充。

一、问题的提出

自1998年以来，我国不断调整和改革课程体系，试行了从国家到地方和学校的三级课程管理制度，并在相关政策中规定："学校在执行国家课程和地方课程的同

---

① 徐玉珍. 校本课程开发：背景、进展及现状 [J]. 比较教育研究，2001（8）：24.
② 顾春华. 校本课程的主张：立足特色 成全成长 [J]. 江苏教育，2015（37）：8.

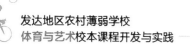
时，应视当地社会、经济发展的具体情况，结合本校的传统和优势、学生的兴趣和需要，开发或选用适合本校的课程。"①

（一）国家政策方面的支持

1999年6月13日，第三次全国教育工作会议上发布的《中共中央国务院关于深化教育改革全面推进素质教育的决定》明确指出，"要调整和改革课程体系、结构、内容，建立新的基础教育课程体系，试行国家课程、地方课程和学校课程"。

2001年的全国基础教育工作会议又在《基础教育课程改革纲要（试行）》中明确指出，"改变课程管理过于集中的状况，实行国家、地方、学校三级课程管理，增强课程对地方、学校及学生的适应性。"国家三级课程管理制度的推行为学校借助当地传统文化打造校本课程提供了政策支持。

教育部2004年在全国中小学课外文体活动工程示范区进行实验并取得经验的基础上，在全国中小学全面实施了"体育、艺术2+1项目"，即通过学校组织的课内外体育与艺术教育活动，让每个学生在九年义务教育阶段能够掌握两项体育运动技能和一项艺术特长，为学生的全面发展奠定良好的基础。"体育、艺术2+1项目"首先在全国15个课外文体活动工程示范区进行实验。各示范区教育行政部门要将实施"体育、艺术2+1项目"列入工作计划，按照《体育、艺术"2+1项目"实施方案（试行）》的基本内容和要求，结合本地中小学校的实际，制订具体实施方案，认真组织实验。

近日，中共中央办公厅、国务院办公厅印发了《关于全面加强和改进新时代学校体育工作的意见》和《关于全面加强和改进新时代学校美育工作的意见》，并发出通知，要求各地区各部门结合实际认真贯彻落实。农村薄弱学校发展体育与艺术特色校本课程也是深入贯彻落实习近平总书记关于教育、体育的重要论述和全国教育大会精神，把学校体育工作摆在更加突出位置，构建德、智、体、美、劳全面培养的教育体系的需要。

---

① 左璜.论回归学校教育原点的校本课程［J］.中小学德育，2016（6）：5.

（二）区域内独特的优势——传统文化资源的支撑

在国家政策和课程体系的号召下，地区政府和教育厅积极贯彻落实《基础教育课程改革纲要（试行）》和《体育、艺术"2+1项目"实施方案（试行）》的内容并下达工作部署，鼓励学校积极探索和开发体育与艺术特色校本课程，将办学自主权下放给学校，并且为学校提供开发课程所需的政策和资金等各项支持。

因为民乐小学坐落于西樵镇，而西樵山是座文化名山，是"岭南狮艺武术发源地"，又是一代宗师黄飞鸿故里，所以学校充分依托独特的区域文化，利用区域文化对本地区人的熏陶和教化，打造学校特色狮艺项目，促进学校的转型和发展。

（三）农村薄弱学校发展存在诸多问题

农村地区的学校相比于市区和城镇的学校来说存在生源较不稳定、环境稍微欠缺的困境，因此难以吸引优秀教师任教，即使教师来任教也会在有机会升迁时选择离开，加上大部分家长认为体育与艺术课程的开设会占用学生的学习时间，影响学生的学习成绩，学习这些课程没有什么实质上的意义，这让学校在开设体育与艺术特色校本课程的过程中面临重重阻力。在这些因素的影响下，体育与艺术课程普遍呈现出落后于语、数、英等主要学科的态势。面临这种不均衡的困境，学校必须要致力于实现学科的均衡发展，于是特色校本课程的研发工作也就应运而生了。

（四）农村薄弱学校特色发展的迫切需要

为打破农村课程设置不合理、学科发展不均衡的困境，基于农村薄弱学校普遍存在的体育与艺术课程落后于语、数、英等主科的现状，迫切需要从体育与艺术课程着手，提高农村地区学科的均衡性，并且依托于特色区域文化，形成薄弱学校的特色发展之路。

校本体育与艺术课程秉持"以人为本"的育人理念，为学生提供更多的课程，而不同年级的学生选择不同的课程内容，体现了学生的全面发展和个性发展的结合。学校的根本任务就是"育人"，通过创编和开设体育与艺术特色课程，培养出符合社会发展需要的学生，也会相应地扩大学校的知名度和美誉度，这样可以为学校吸引到更多优秀的教师和学生，从而促进学校内涵式发展。但是特色校本课程的开设是一个长期的过程，需要教师不断地在实践中检验和创新，不断地丰富和发展特色校本课程的内容。

笔者作为一线教师，一直在尝试推进学校的进一步发展，在不断地探索和实践中，逐渐找到了一条适合学校特色发展的道路，并且推动了学校的持续发展，帮助学校走出了困境。开发体育与艺术特色校本课程，在推行的过程中不断改进学校的课程设置，使学校的课程体系趋于完善，同时各种活动锻炼了学生的综合能力，即开发了学生的思维能力，培养了学生的语言表达能力和想象力，学生的学习成绩也相应地得到提升。因此，笔者将自己探索与开发学校体育与艺术特色校本课程的经验进行分享，希望为同类寻求转型的学校提供帮助。

二、体育与艺术校本课程开发的意义

2001年《基础教育课程改革纲要》明确提出，"为保障和促进课程适应不同地区、学校、学生的要求，实行国家、地方和学校三级课程管理。"[①] 基于长期的实践可以看出，校本课程是在一定的经济、政治、文化和教育等社会环境共同作用下的时代产物。对于人的整体素质的培养，体育和艺术是不可分割的部分。开发体育和艺术校本课程对群体和个体能产生多元的辐射意义，既符合社会发展的需要，又能够满足个人的需求。主要体现在以下几个方面。

（一）体育与艺术特色校本课程是农村学校改薄创优的突围之道

随着城乡二元经济结构与社会体制的变革与发展，城镇化步伐加快的负面效应以及社会性教育投资的不断进入，使得大量农村薄弱学校无法走出困境，产生了学校办学条件差、领导班子差、教师素质差、生源质量差、教学质量低等问题，导致学校社会声誉不佳等。即便民乐小学地处经济相对发达的珠三角农村地区，学校仍然需要通过自主发展不断走出去。农村学校"等靠要"的发展思维和孤军奋战的发展方式导致农村学校办学环境恶化，从而陷于"孤岛之中"。为此，农村学校要打破原有的发展壁垒、改薄创优，必须充分分析学校发展的现实困境，从学校的优势和劣势出发，找寻学校发展的重要切入点。要坚持面向全体学生，以学校所处地方优秀传统文化资源为依托，为学生的全面发展创造相应的条件，在尊重学生身心发展特点的前提下，构建学校体育与艺术校本课程体系。我校通过继承和发展南狮武术等中华传统文化来挖掘每一位学生的潜能、品质、特质，重塑农村学生的自信

---

① 中华人民共和国教育部.基础教育课程改革纲要（试行）[J].学科教育，2001（7）：1–5.

心，并利用学校开设的体育与艺术校本课程来增强学生的特色发展，激发学生的学习兴趣，从而促进了学生的全面发展。

（二）体育与艺术特色校本课程是农村素质教育推进的有力抓手

农村中小学全面推进素质教育不仅有利于促进农村教育事业的快速发展，也有利于提高农民的整体素质，这对于实现教育均衡化发展，解决"三农"问题，缩小城乡差距，实现全面小康目标具有特殊价值。民乐小学作为一所曾经"待撤并"的农村薄弱学校，生源大多为外来务工子女、农村留守儿童以及贫困家庭学生，学生能力在家庭生活中得不到培养，大部分缺乏自信，没有梦想，难以谈及体育与艺术的爱好与特长。而家长普遍仅重视语、数、英等毕业会考科目，忽视对学生体育与艺术的培养，这使体育与艺术课程逐渐沦为边缘化科目，学生健康状况堪忧，学生素质教育、全面发展无从谈起。学校抓住基础教育课程改革这一关键契机，认识到课程改革是推进素质教育重要措施，是实施素质教育的关键环节，通过开发学校体育与艺术特色校本课程，在课程中融入体育与艺术，激发学生学习的主动性、积极性，吸引学生更好地参与到学习中来，增强学生的自信心，从而整体提升学生的综合素质。

（三）体育与艺术特色校本课程是乡村文化振兴的现实需要

佛山是武术之乡，西樵是一代宗师故里，在这里走出了黄飞鸿、叶问、梁赞等多位历史名人，以黄飞鸿开创的南狮技艺最为闻名。"南狮"和"南派武术"的发展源远流长，经历了百余年的历史积淀，是我们可以依托和传承的优秀传统文化资源。在学校教育中引入传统文化，一方面是对传统文化的继承和发展，另一方面可以盘活学校文化，为学校的创新型发展注入源头活水；更是促进乡村优秀文化振兴发展的重要途径。南狮作为中华民族优秀的非物质文化遗产与民间体育与艺术相结合，通过学校教育教学的形式开展，能够有效地保护、传承、创新和发展该文化。基于此，学校选择离学生生活最近的体育与艺术——狮艺武术为切入点，结合农村学生的认知与生活实际，把民间传统体育与艺术创新性地转化为"少儿狮艺""少儿武术"，同时融合舞台艺术创编武术艺术类舞蹈，使得体育与艺术课程深深扎根于传统文化中，让传统文化得以再创造、再传承。同时，培养了学生的特长，学生品味乡土文化积淀，树立了文化自信、热爱家乡的优秀品质。本土历史文化资源的传承利用加上16年的教育教学探索与实践，证明了体育与艺术特色校本课程具有生命

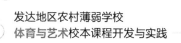

力和可推广性。

(四) 推进学校课程改革，丰富学校课程内容体系

促进青少年德、智、体、美、劳的全面健康发展是新课程改革中的核心意义，教育部办公厅下发实施"体育、艺术2+1项目"的通知，要求通过学校组织的课内外体育与艺术教育的教学活动，让每个学生至少学习掌握两项体育运动技能和一项艺术特长。此通知释放的信号是国家在培养人才时把人的全面发展放在崭新的高度[1]，这与基础教育课程改革的发展方向不谋而合。

一方面，在课程改革的背景下，要处理好体育与艺术课程开发上的问题，以校本课程形式呈现可以为其他中小学体育与艺术发展提供理论指导和实现路径的参考，具有重要的理论价值和实践意义。另一方面，地区特色课程开展对全体课程发展体系而言，如同管中窥豹，我们可以小中见大地借鉴和思考成功解决了地区特色资源如何开发和运用的问题，找出自身特色发展方向。将眼光放在历史长河的时间线上看，不同区域文化资源最终形成各美其美、美美与共的美好局面，共同推动课程改革发展。

(五) 促进学生全面发展，提升学生综合素质

在传统的教育模式下过分重视考试分数而忽视学生其他方面的发展，学生在身体上容易出现体质下降、亚健康等危害，在心理上缺乏审美，不利于人与自然的和谐共处。体育与艺术校本课程的开发是以学生为出发点，以课程为媒介，将学生和自然、人文社会有机融合，让学生在活动过程中感受、体会、思考自然和社会的意义。

培养健全的人格和精神品质是马克思主义关于人的全面发展观和我国贯彻教育方针、实施素质教育的要求。体育与艺术课程校本化不仅可以促进学生全面健康发展，而且可以丰富学生的知识结构，培养学生的审美情趣、实践能力和创新精神，让各个阶段的学生保持对体育与艺术的兴趣，提高运动和审美能力，改善体质和文化素质。

课程是一定文化的体现。丰富的传统文化和地域文化以课程为载体，通过体育与艺术活动的形式表现出来，彰显出独特的文化韵味和人文内涵，对学生在认知、

---

① 郑立杰，赵志明，刘慧玲，赵宏.民族传统体育校本课程开发的现实意义及实践路径研究 [J].成都师范学院学报，2019，35 (11): 25-30.

情感、态度和行为等方面上具有熏陶和发展等促进作用，能让学生在新颖的课程教学中感受丰富内涵的传统文化精神和区域文化独特的魅力，增强学习的趣味性和培养学生的独立探究能力，促进学生自主发展，实现人格的完善和建立正确的价值观和发展观。

（六）促进优秀传统文化保护，加强区域优秀文化传承

体育与艺术校本课程开发通过全面和系统地挖掘和整理该区域最具有特色的文化资源，对区域特点优势、历史脉络进行具体解析，并且以校本课程开发这种科学合理的存储和保护途径，最终把区域文化精神和体育艺术相结合的课程与教材呈现在课堂上，让学生深入了解此区域的文化实质，提升其民族自豪感和幸福感。依托体育与艺术的校本课程的教学活动，同时利用现代科学技术手段对历史传承下来的精神文明和物质文明加以保护，能推动区域传统文化持续健康地多元发展。

批判继承传统文化精神品质是区域特色体育与艺术活动保持生命力和创造力的存在形式，其存在是与时代环境和新衍生的流行文化共同进步和更新的。运用校本课程来推介特色体育与艺术资源，以文化精髓为内核，以新颖和丰富的教材为内容，以喜闻乐见的体育与艺术活动为形式，能活化静态的文化内容。这种富有感染力的传承方式能够激发学生的好奇心，吸引学生主动参与活动，同时不断创新内容和形式，最终达到长效稳定的传承机制。

以体育与艺术课程开发为基点的特色办学立足于当下社会环境资源的，并最终服务和运用于社会之中。民乐小学的体育与艺术课程结合当下教育、经济、文化等区域资源，确定特色办学定位，最终可以产生深远的社会效应。一方面，选择某学科和研究领域作为特色发展的重要内容建设对当地特色的学科建设和研究方向产生一定的影响，对其他方面的特色发展能起到带动和示范作用，从而以点带面，让当地更多特色资源成为特色发展的动力；另一方面，在长期的教学实践中，通过一整套固定的人才培养模式培养出了既能适应地方建设节奏，又能很好地融合当地人文地理环境和民族风俗环境中的特色人才，为地方经济文化建设输送专业特色人才。

三、相关概念界定

（一）发达地区

对"发达地区"这一名词概念还没有明确的统一界定。究其内涵，发达地区既

有"地理空间范围"的相对概念，又有发展经济学的含义。广义的发达地区包括全球范围内相对发达的国家或地区；狭义的发达地区是指一个国家内部相对发达的经济区域。以不同国家衡量发达地区的标准常用数据来表示，主要体现在人均国民生产总值、人均财政收入和农民人均收入等经济指标高于平均水平。就中国而言，珠三角是亚洲经济最活跃的地区之一，而佛山作为珠三角腹地，其经济发展水平和历史文化水平都处于全国领先地位。

（二）农村薄弱学校

对"薄弱学校"或者"农村薄弱学校"的界定大多是描述性的，最早在1998年国家教育委员会颁布的《关于在普及初中的地方改革初中招生办法的通知》中提到："搞好薄弱初中建设，使这些学校的校舍、办学经费、师资水平和教学仪器设备等有较大的改善和提高。"2003年，辽宁省教育厅颁布了《关于进一步加强薄弱学校改造推进城区义务教育均衡发展的指导意见》中把薄弱学校界定为"义务教育阶段的薄弱学校是指区域内办学条件相对较差、教育质量相对偏低、社会信誉不高的学校"。

薄弱学校具体表现在学校的软件和硬件两个方面：在硬件上主要表现为办学条件差，即校舍破旧、办学规模小并且超负荷，教育教学设备设施短缺，图书资料比较缺乏。在软件上主要表现为学校领导班子弱、管理差、师资队伍差、生源质量差、办学质量与效益差。[①] 因此，农村薄弱学校相对城乡优质学校而言，是指在城乡二元化下农村地区的学校办学条件、管理水平、领导条件、教师和生源等方面存在相对劣势。

（三）课程相关概念

1.校本课程

课程改革一直以来都是我国基础教育改革的重点领域。1985年《中共中央关于教育体制改革的决定》明确提出了基础教育实行"地方负责，分级管理"。为之后的基础教育阶段课程的分级管理奠定了政策基础。经过十多年的讨论与酝酿，2001年《基础教育课程改革纲要（试行）》中提出，"为保障和促进课程适应不同

---

① 熊梅，陈纲. 标本兼治　综合治理：关于我国部分大中城市义务教育阶段加强薄弱学校
建设情况的调研报告［J］.教育研究，1998（4）：39-45.

地区、学校和学生的需要，要实行国家、地方和学校三级课程管理。"2003年《普通高中课程方案（实验）》又提出："赋予学校合理而充分的课程自主权，为学校创造性地实施国家课程、因地制宜地开发学校课程，为学生有效选择课程提供保障。"提及三级课程改革时，首要问题要明晰何为课程。

课程（curriculum）一词最早出现在英国教育家斯宾塞（H. Spencer）于1987年发表的《什么知识最有价值？》一文中。它由拉丁语"currere"派生出来，它的名词形式意为"跑道"（race-course）。

在我国，课程最早出现在唐宋期间，唐代孔颖达为《诗经·小雅》作注提到"教护课程，必君子监之，乃得依法制"；到了宋代，朱熹在《朱子全书·论学》中多次提及课程，如"宽着期限，紧着课程""小立课程，大作功夫"，这里的"课程"仅仅指学习内容的安排次序和规定，没有涉及教学方面的要求。

到了现代，施良方教授综合几种典型的课程定义进行归纳：课程即教学科目；课程即有计划的教学活动；课程即预期的学习结果；课程即学习经验；课程即社会文化的再生产；课程即社会改造①。

学校课程开发是一个系统工程，是通过社会和教育参与者的需求分析，对某门学科的教学内容和相关教学活动进行计划、组织、实施、评价、修订，以达到课程目标的系统化过程。

可以看到的是，校本课程是和国家课程、地方课程相对应的自下而上的课程开发形式，在此基础上要界定各自之间的属性。

国家课程是指国家委托有关部门或机构制定的基础教育的必修课程或称核心课程的课程标准或大纲，或者说是由国家统一开发、实施和管理的课程。国家课程规定了各门课程的性质、目标和内容框架，同时提出了对于教学管理和教学效果的评价标准，它是教材编写、教学实施、效果评估和考试命题的重要依据，任何课程的开发和实施都必须根据国家课程的标准来完成。

地方课程是在国家课程的教育理念和教育方针指导下各省（市、自治区）或者地级市、县教育主管部门因地制宜设计、实施和管理的区域特色课程。地方课程具

---

① 施良方.课程理论：课程的基础、原理与问题［M］.北京：教育科学出版社，1996.

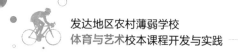

有明显行政区域划分和文化资源差异，因此课程内容具有适切性和灵活性的特征。

校本课程是学校根据国家和地方课程纲要的基本要求，依据学校自身的实际状况和条件，对学校的所有课程进行整体开发的活动。它实属课程行政范畴，是相对于以中央政府为课程行政权主体的"国家本位课程"和以地方政府为课程行政权力主体的"地方本位课程"。这些课程在国家基础教育课程计划中被预留出来，在整个课程计划中占10%~25%。[①]

2. 体育与艺术校本课程

体育与艺术课程是基础教育课程体系的重要组成部分。体育与艺术课程的贯彻和落实必须依据国家颁布的课程管理体制和课程方案实施。三级课程管理和体制开发为体育与艺术校本课程的开发提供了理论依据和政策支持。

新一轮基础教育课程改革的相关政策文件只规定了学生应达到的德、智、体、美等方面的具体目标，而没有规定具体的课程内容。由于我国区域发展差异性较大，课程内容由各个学校进行选择，不同学校根据各方面的实际情况做出选择，使课程更符合本地和本校的实际情况。体育与艺术校本课程是在本校学生发展的需求和学校需求做出评估的，在特有区域内利用本土资源，以学校和体育与艺术教师为主体创编，适合本校学生实际的课程。

---

① 郑梦丹. 校本课程开发的意义及困境［J］. 现代教育科学，2011（10）：11-12.

第一章　文献综述

在文献综述这一部分，首先我们对发达地区、农村薄弱学校、课程、校本课程等相关概念进行文献梳理，以方便我们进一步理解发达地区农村薄弱学校的特色体育与艺术校本课程推进的意义。国内外很多已有文献都对校本课程进行了研究，下面我们就简单地回顾一些有关这方面的研究进展。

一、关于校本课程的研究

（一）国外相关研究

校本课程开发，最早提出于1973年7月，设在巴黎的经济合作与发展组织（OECD）所辖的机构"教育研究和革新中心"在爱兰阿尔斯特大学（University of Ulster）举办了一场"校本课程开发（School-Based Curriculum Development）"的国际研讨会，菲吕马克和麦克米伦两人在会上最先试图界定校本课程开发的定义。菲吕马克在1973年认为"校本课程开发意指参与学校教育工作的有关成员，如教师、行政人员、家长与学生，为改善学校教育的品质，所计划、主导的各种学校活动"。

20世纪70年代，西方国家大力开展校本课程的运动。长期以来，这些国家在校本课程方面开展了大力的探索和实践，为校本课程积累了丰富的理论和实践经验。英美两国是国外特色办学较为突出的两个国家，它们都是通过发展学科特色来发展学校特色，进而实现特色办学。例如，在英国，校本课程受到教育部门的重视和推广，在一定的时期内校本课程取得较好的成效，在一定程度上提高了教师的专业水平。较为突出的特色办学有学科特色学校、灯塔学校和城市技术学院等。在美国，特色学校类型主要包括磁石学校、特许学校和学科专门学校等，但由于不同州之间、学区之间的教育情况大不相同，校本课程的开发源于学校内部和区域外部之间的多重因素，因此，奥顿（Odden，1987）和马什（Marsh，1988）提到校本课程要取得良好的效果，必须要重视校本课程的特色载体和实施评价。同时，古德莱德提到学校要保障教师和学生参与到校本课程的过程中，同时要在有序的步骤中完成，主要包括制订规划、确定目标、编制教材、实施评价等，要在动态实施过程中逐渐完善课程。

就体育校本课程来说，澳大利亚、美国、俄罗斯等国的具体开发过程都有各自的特点，但在一定程度上都体现了体育校本课程开发的共同点：第一，国家给予学校一定的课程自主决策权，学校有了选择课程内容和分配课时的权利；第二，体育教师由课程被动执行者向课程研究者转变；第三，关注学生的发展。在开发的过程中，很多国家都经历了兴盛、衰落以及转型期，都遇到了很多共同的问题和困难，例如，并非全部的教师都愿意或有能力承担课程开发工作、校本课程开发的经费不足、校本课程开发的实施效果不佳等。

（二）国内相关研究

校本课程开发是一种自下而上的课程开发模式，是三级课程改革下的产物。相关研究表明：校本课程相关文献研究从2004年开始备受关注，至2007年开始有了直线式提升。研究内容主要从整体和局部两个维度展开，整体研究主要是校本课程研究的内涵、问题归纳、实施路径和总结评价等，在理论层面洞悉本质；局部研究侧重于以个案为研究对象，以实践为导向，注重实际问题的洞悉和解决，着眼于具体实施过程。

在校本课程的内涵研究上，徐玉珍把"校本课程开发"界定为：是在学校现场发生并展开，以国家及地方制定的课程内容的基本精神为指导，依据学生自身的性质、特点、条件以及可利用和可开发的资源，由学校成员自愿、自主、独立或与校外团体个人开展的，旨在满足本校学生学习需求的一切形式的课程开发活动。"校本课程开发"强调的是课程开发的行动和研究过程。在校本课程开发的价值意义上，王斌等认为校本课程开发的价值在于促使学校形成办学特色，促进学校的特色发展，如王斌认为校本课程开发的价值在于调动学生学习自主性，提升学校办学实力，促进学校的特色化发展。拓爱伟表示目前校本课程的开发和实施的途径主要包括课程选择、课程改编、课程资源整合、课程补充、课程拓展和课程汇编等形式。范蔚等在分析国外程序理论的基础上，重新思考了我国校本课程开发的程序，步骤如下：一是明确校本课程开发的目标和原则；二是构建校本课程的内容；三是设计校本课程方案；四是实施与反思；五是管理与评价。黄英姿在《校本课程资源的开发和管理》中提到在校本课程资源的选择上，既要重视人的要素在课程开发过程中的关键性要素，也要把握社会资源，运用现代信息技术建立起多方面的课程资源。宋乃庆、范涌峰认为目前学校特色发展的评价是特色发展过程中的短板，即学校特色发展过程中缺乏科学可靠和具有可操作性的评价工具，在课程实施过程中缺少科学的依据和导向。

在实践研究中，有学校立足于校本课程开发之上来创建特色学校，如重庆市北碚区复兴小学，利用其历史传承的"儿童线描画"优势对"线描画"校本课程进行开发，将其引入学校办学之中，学校被命名为北碚区农村"儿童线描画"复兴创作基地，形成了"线描画"办学特色。有学校通过校本课程开发逐渐形成了学校的特色项目，继而形成学校文化，最后创建为特色学校。上海自2014年开始实施示范性特色普通高中建设，提出创建特色普通高中整体推进策略：特色项目阶段—学校特色阶段—特色学校阶段，自此，一批特色项目学校由此诞生。广西壮族自治区容县容城镇中心学校根据学校作为广西乒乓球传统项目学校，多年来在学校里开展乒乓球教学的实施，以"乒乓特色"作为学校教育和课程发展的目标指向，把乒乓球项目作为学校校本课程进行研究与开发，进而彰显学校的办学特色。此外，还有北京第十一中学的综合实践活动系列，北方交大第二附属中学的"环保课程"等，都是各学校为了学校特色发展在校本课程方面做出的宝贵尝试。

二、关于体育与艺术校本课程的研究

特色校本课程开发不再是生搬硬套其他学校的特色文化过程，而是深入到地域文化、以多元文化视角进行特色课程开发，如花样跳绳、板鞋竞速等特色体育项目的开发。以体育课程为例，王珂等提到郑州市金水区为了实现"一校一品一特色"的体育特色模式，对大课间活动进行特色项目开发，通过"阳光大课间"展示学校自主开发的自编操、团体跑和体育游戏等，具有一定阶段的成果。周登嵩教授在《学校体育》中界定学校体育包括早操、课间操、班级体育活动、课余训练、课余竞赛等形式。

常仁飞结合常州体育教育的历史传统，基于常州的实际，历经几年的探索和实践，坚定了"阳光体育运动"必须"校本化实施"的前进方向，制订了"基于传

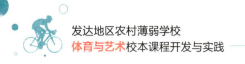

统，自主实践""局部探索，理性思考""整体推进，创建特色"的措施，有效地提高了学生体质健康和身心健康水平，实现了阳光体育的育人功能。董翠香、李兴艳认为现阶段体育课程校本化的实施过程中存在的主要问题是如何协调好传统文化和现实需求，体育教师的课程意识与课程开发能力比较薄弱，校本化课程内容盲目追求兴趣化、特色化，缺乏规范性和科学性等。

三、关于农村学校体育与艺术校本课程的研究

从地域研究的角度来看，校本课程的实践在2008年之前具有明显的区域性特征，主要集中在东部发达地区。但随着特色校本课程的推广，西南地区、东北地区、少数民族地区逐渐成为校本课程的实验对象。更多集中在农村地区和小城镇学校。宿广才认为"校本课程的开发为农村中小学校的发展带来了生机与活力，它是农村中小学课程发展的一个新的切入点。然而，在当前的条件下，农村中小学的校本课程开发并非尽善尽美"。刘佩红在《小学校本课程开发的问题审视及解决对策》中指出校本课程是一个持续的、具有动态性发展的课程过程，在其开发过程中可能存在理解偏差、课程开发价值不明确、教师校本课程开发技术薄弱等问题。农村学校教育资源不平衡，素质教育的实现不仅要保障好基础课程的实施，还要转变思路，开发符合当地资源和学生身心健康发展的校本课程。

综上所述，校本课程的开发与实践历经漫长的发展过程中，国内校本课程研究的理论和实践较丰富，但对于体育和艺术方面校本课程开发的理论探讨和实践探究相对较少，难以找到系统的、成体系的、以体育与艺术为对象的校本课程的著作体系，正是基于这一点，本书将以民乐小学为窗口，探讨如何将体育与艺术校本课程一步一步上升为学校办学特色的。

第二章　校本课程理论概述

一、校本课程的四个突出特征

（一）实践性

校本课程大多属于实践性课程，而不属于学科类课程。它不以系统知识为基本内容，也不以读书、听讲为主要学习方式，而是围绕学生需要研讨和解决的问题来组织具有多样性、动态性的课程资源，引导学生在调查研究、讨论探究等活动中生动活泼地学习。

校本课程在促进学生的认知、情感、行为发展的过程中，把培养学生的主体意识、合作意识、创新意识、动手能力、交往能力、收集与处理信息的能力、发现与解决问题的能力作为重点。所以，它强调学生应在活动中学，注重直接体验和经验积累，反对重理论轻实践、重知识轻能力的倾向。

（二）探索性

校本课程是以培养学生的创新精神和实践能力为核心理念的。各门校本课程应是围绕一系列重要问题或挑战性任务而编排学习内容、安排学习活动的，学生便按照一系列课题或主题参加学习活动，在活动过程中收集书面材料和实际材料，进而通过自己的思考、操作以及与同伴的讨论去解决问题或提交作品。

各个课题或主题的答案即有实际答案（即拿出各种作品），也有认识性答案。有些主题有多个答案，只要学生言之有理、操作有据，就可获得优良的成绩。

（三）综合性

各门校本课程的内容是围绕多个主题或课题从多种学科和多种现代媒体中收集组织的。这种综合性内容不受学科知识体系的束缚，因而有助于多种知识的综合运用和多种能力的均衡发展。

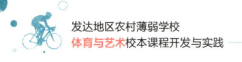

（四）以学生为主体

各门校本课程的构建把学生的发展置于中心地位。一方面，以学生的特别需要为出发点，可以注重学生潜能的开发和学生情感的提升。另一方面，各门校本课程内容的组织与学习的安排都给学生的主动参与留下一些空间，创造一些条件，让学生在教师指导下提出问题、收集材料、进行思考、做出结论或提交作品。

二、课程开发的四个维度

（一）课程编排体系与国家课程具有相似性

教师在学校规定的授课时间里，校本课程的授课进度与国家课程的进度大致一致，甚至是稍微滞后的，这样两者会产生对应性，这对校本课程的学习非常有利。

（二）内容的选取与国家课程相适应

首先，校本课程内容与国家课程内容性质一致。其次，校本课程是国家课程的延伸，如校本课程就可以尝试让学生了解自己家乡的主要文化和传统。校本课程内容的设计必须根据学生的学习需要以及学习素质培养的需要有所取舍。校本课程要以国家课程为依托，结合学校的现有条件以及当地的社会条件，将主题探究作为校本课程内容，供学生学习探究，开阔学生视野，培养学生专业化技能。

（三）校本课程内容大都来源于生活

课程知识应来源于生活而高于生活，学校实施校本课程应该善于从生活中选取素材，以贴近生活的方式展现给学生。只有这种"接地气"的教学模式才能更利于学生接受。学生能够真正触摸到这些看似"高大上"的知识，便于他们理解，同时透过生活让学生发现和践行特色文化，更好地实现知识的内化。

（四）校本课程内容具有发展性

校本课程立足于区域的传统文化，但又不能囿于传统，随着时代的发展而不断丰富校本课程的内容，将新时代的美好理念融于学校特色课程中，列举新时代积极践行特色课程的例子，鼓舞学生的斗志，赋予传统文化新的生命力，更好地弘扬优秀文化精神。

第三章 体育与艺术校本课程开发现状

体育与艺术校本课程呈现出城镇地区和农村地区总体上发展不均衡的状态，这与城乡一体化发展的目标有一定的差距，因此，探究农村地区尤其是发达地区农村薄弱学校的发展就显得非常有必要了。

一、 发达地区农村薄弱学校发展概况

（一）薄弱学校的产生

薄弱学校作为教育发展不均衡的表现之一，其产生和发展都具有其背后的历程。早在20世纪50年代随着重点学校的出现，薄弱学校就出现了。伴随着改革开放下的社会经济发展对人才的需要，国家各地纷纷建立起重点学校。国家对重点学校所采用的政策倾斜，对部分学校投入了大量的人力、物力资源，这对当下时代的发展具有深远的影响，但使得重点学校之间、重点学校和薄弱学校、薄弱学校之间产生了差距。农村地区办学条件落后、待遇低下，当地任职有条件的教师纷纷转向更好的学校任教。毋庸置疑，薄弱学校在社会主义建设初期培养人才上起到重要作用。同时对之后的社会主义事业培养源源不断的建设性人才，让薄弱学校焕发出新的生命力，也促进教育的公平性。扶贫必先扶智，只有稳定一方教育，才能改变农村地区的落后现状。在此背景条件下，农村薄弱学校如何走出困境，延续自己的生命力呢？

我国幅员辽阔，区域与区域之间经济发展极度不均衡，教育的发展也存在很大的差距。不少人认为发达地区有充足的财政实力保障教育，相应的教育质量就好，其实不然，不是经济发达教育就得到同样的发展。由于客观的经济条件和主观教育观念等不同的影响，在发达地区的农村学校也有薄弱学校的存在。其主要特征表现在：硬件设施较落后，师资水平低，生源质量和数量不足，教育成效、社会效应与

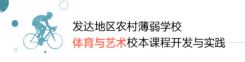

成效较差等。[①]

(二) 薄弱学校的成因

以下对薄弱学校的成因分析主要从教育投入不足、市场经济的影响和公民的教育投资意识三个维度来展开讨论。

1. 教育投入不足

教育投入在教育发展过程中具有不可替代的作用。改革开放后，国家致力于教育的普及，希望尽快提高人民群众的文化教育水平，因此，基础教育发展迅速。由此也产生了教育资源投入不足的问题，自然就会出现一些中小学薄弱学校。

2. 市场经济的影响

改革开放过程中，国家逐步取消了原来相对保守的计划经济，逐步建立起社会主义市场经济。市场经济有其自动调配资源的长处，有讲求效率的优点，也积极促进了我国教育事业的发展。在社会主义市场经济下，教育投资主体多元化，一些民办学校、私立学校兴办起来，它们以其雄厚的资金、较高的起点、先进的管理、优质的条件吸引了许多优秀教师和基础较好的学生。然而，自由竞争的市场经济理论并不能完全照搬到学校教育之中。一方面，因为教育有其自身的特点，并不能像产业领域那样完全运用投入与产出的原理进行判断，不能推行教育产业化，而且对人才的培养也不可能在短期之内奏效。而另一方面，社会主义市场经济的大潮也使得薄弱学校面临更为严峻的形势。由于没有雄厚的资金、优良的品牌，又缺乏足够的竞争力，薄弱学校优秀的教师和优秀的学生流向办学条件更好的学校。在市场经济下，一些普通学校面对实力雄厚的重点学校、民办学校和私立学校在师资、生源等方面存在劣势，一些普通学校逐渐成为新的薄弱学校。

3. 公民的教育投资意识

随着市场经济的发展，效率意识深入人心，并成为人们的行为准则。这种思想和观念一旦进入人们的意识之中，成为人们的信仰，便具有强大的惯性。这事实上也在一定程度上加大了学校之间的差距。在现代社会，教育对筛选社会分层作用增强了，这样人们对教育的期望值也就随着经济的发展而不断攀高。人们不再满足于

---

① 张侃. 多维视角下农村薄弱学校的改造研究［D］. 南昌：江西师范大学，2006.

自己的子女有学上，而且要追求优质教育资源，也就是说要在优质学校念书。1986年我国实施义务教育法之后，义务教育阶段逐步取消了考试择优制度，推行"就近入学"政策，其目的是想以多维视角改变农村薄弱学校的发展现状。

（三）农村薄弱学校发展现状

1. 校本课程困境

我们在按照教学目的开展教学活动时会出现偏离目标的情况，在教学过程中教学方式比较单一，课程规范考核缺位等，这些因素综合起来造成校本课程的困境。

（1）开设目标偏离初衷

① 校本课程建设与学生能力冲突，参与面窄。一些学校为了开设特色校本课程，没有考虑到学生的学习差异，而导致增加学生的学习负担。比如，一些学校为了凸显自己的学校特色，引入深奥难懂的奥数知识，只有极少数一部分学生能够跟上学校的课程计划，其结果显然是不好的。

② 校本课程建设与教师资源冲突，缺少师资。由于受到农村地区教师资源的限制，一部分学校在开设特色校本课程的过程中忽视了对教师进行相应的培训环节，教师没有得到有效的指导，学校也没有能力吸引外校优秀的教师或者专家学者来校指导，对教师来说是一种额外的负担，学校的特色校本课程建设只流于表面。

③ 校本课程建设与地方资源冲突，南辕北辙。校本课程的建设必须依托本地区优势文化或者优势资源。在对农村地区薄弱学校的考察过程中，我们发现相当一部分学校只是急于树立学校的特色，并没有依托地域资源积极探索和开发学校文化，这种形式的特色课程缺乏文化根基的涵养，学生感受不到对学校文化的认同。

④ 校本课程建设与国家课程冲突，混淆概念。校本课程的建设是要求完成国家课程的基础上由学校根据本校的实际来开发的符合学情的课程，是对国家课程的补充，一些学校为了建设特色学校课程，花费大量时间搞课程建设，占用学生大量的学习时间，消耗学生的学习精力，违背了国家设置校本课程的初衷，对于这种行为我们应该避免。

（2）教学方式单一

课程改革的终极目标在于提高学生的核心素养，现阶段学生的培养目标已经由

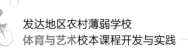

单纯的知识与技能的学习转向过程与方法、情感态度价值观的培养上来。我们开发特色校本课程是为了在课程实施过程中培养学生的动手能力、发现问题解决问题的能力以及塑造学生的思维能力。但是，一些学校只是本着功利性的思维去开发特色校本课程，为了获取政府财政支持或者应付上级部门的检查，这就偏离了我们开设特色校本课程的目标。另外，在开发特色校本课程的过程中，一些教师也只是单纯地教给学生，没有激发学生的学习欲望、想象力和创造力。

（3）课程考核模糊

多数学校的校本课程是"三无"课程，无明确的课程目标，无缜密的考评措施，无积极的激励机制[①]。一方面，教师教学压力很大，还要拉出一部分时间实施校本课程；另一方面，教师缺乏相应的技能培训，在缺失考核机制的情形下，教师极有可能不认真对待特色课程的实施。学校也没有相应的激励机制引导并激发教师的积极性、主动性和创造性，教师没有从特色课程的实施中获得成就感，学生也没有参与感。

2. 校本课程特点

（1）作为特色课程进入课堂

特色课程的实施不是单独的，而是要与其他学科课程的学习紧密相关的。我们将特色课程引入课堂，一方面，可以让学生在日常学习中感受到特色文化的浸润；另一方面，也增加学生对特色课程的认同感。同时学校要开发特色校本课程的教材，针对不同的年级实施不同的课程时间安排和授课内容。

（2）显性课程与隐性课程并重

学校特色课程文化需要通过学校的物质环境、制度环境、精神风貌和各种活动体现出来，学校应该为学生提供展示自己的机会和平台，让学生从活动中不断地体悟到学校特色课程的意义，愿意更积极地投身于学校特色课程的建设中来，从而内化学校特色课程文化。除此之外，学校也应该在校园环境的设计和活动组织建设方面切实听取学生的想法，认真采纳学生的意见，让每个学生都真正参与到校本课程的建设中，这样学生就会自动将自己置身于学校特色课程建设的任务中，产生一种

---

① 顾志荣，杨勇诚. 初中校本课程建设问题及其对策［J］. 中学教学参考，2020（27）：1-3.

责任感，达到润泽身心的效果。

（3）在校本课程实施中评估

评估是检验学校特色校本课程实施结果的手段，并不是特色校本课程建设的目的。通过评估，学校可以更清楚地了解到校本课程在实施过程中有哪些难点，哪些方面实施效果不太理想，需要改进，学生在参与的过程中是否达到最理想的状态。学校在评估过程中要注重多元主体的评估，让学生自己去评价自己的认同状态，让社会来评价学校特色校本课程的实施效果。同时，及时地获取反馈，进行思考，不断完善特色课程。

（4）在学校文化塑造中发展

首先，一所学校的特色校本课程是学校文化的解读和外在体现。学校文化是把一所学校与其他学校区分的标志，因此，学校要致力于打造属于自己的学校文化。那么学校文化的选择首先要依托于地域环境和地域文化。学校的特色文化反映出来的是所属地域的独特性，生活在其中的人们有共同的地域归属感和文化认同感，建立在其基础上的学校文化易于被人们接受和吸收。其次，学校文化要立足于本学校的基础上借鉴其他地区和国外的一些经验，以"我"为主，为"我"所用，不断地汲取学校文化的表现形式和内容设置，更好地展现学校的特色文化。最后，学校要经常参与特色课题的申报和各种社区活动，在活动中向社会传达自己独特的学校文化，不断地得到外界的认可，才能更好地弘扬和发展学校文化。[1]

二、民乐小学体育与艺术校本课程开发面临的现状

开发校本课程需要学校优秀的师资力量依托于学校良好的办学环境和办学条件，凭借地域优势，最大限度地发挥教师的创造力和创新性，开发出一套适合推行的切实可行的校本课程。再结合家长和社区的支持，开发学生身上的潜力，促进学生的成长和进步，这样才能体现校本课程的开发意义和效果。

---

[1] 刘正伟，仇建辉. 校本课程开发与特色学校建设：以宁波市江东区为中心的考察［J］. 教育发展研究，2007（10）：77-79.

（一）体育与艺术校本课程开发面临的现状

1. 办学条件

（1）地理环境不理想

民乐小学由于办学规模小，校址处于乡村市场后部，办学环境和办学条件不理想。20世纪90年代中后期，受发展规模效应、提高教学质量、促进教育均衡发展的价值取向的影响，农村中小学布局调整工作后将其列为"待撤并"学校，作为小规模办学的民乐小学随时都有关停的风险。在此背景下，学校发展状况受政策条件、地理环境、办学配套设施等因素影响，难以延续办学。

在地理位置上，民乐小学位于佛山市南海区西樵镇民乐村中央，与西樵民乐综合市场毗邻，紧挨周边居民楼，从外部看和村舍无异。不同于一般农村小学，民乐小学位于村中心，家长接送孩子上下学较方便，但是同时也面临众多问题，例如，周边环境嘈杂，市场秩序混乱，影响学校安全，学校面积固定无法扩建等问题。

（2）基础设施亟待改进

同时，学校也存在基础设施薄弱等问题。民乐小学校园面积狭小，占地只有16 830平方米，一排教学楼加上一个操场就是整个学校。教学班可达24个，数量比较充足，但是整个学校的教学资源，尤其是软、硬件方面相对匮乏，存在教学设施落后、校舍陈旧、教学楼周边空间狭窄，与周边的居民楼混为一体等问题。由于学校的办学效益不高，发展空间小，且在经费投入不足的情况下，学校无法进一步改造和完善基础设施建设。因此只有全面认识办学条件，制订长远的办学规划，寻求特色发展道路是学校走出困境的创新之路。

2. 体育与艺术课程资源

（1）体育与艺术课程资源具有进一步开发的空间

首先，课程资源分布不均，体育与艺术课程开课不足。长久以来，由于受到应试教育的桎梏，教师和学生大部分的时间和精力都花费在文化课上，忽视了体育与艺术课程的开发和管理。虽然大部分的农村学校开设体育与艺术课程，但是实际上课却很少，被主科课程挤占、停上的事常有发生。显然，这种"重智育、轻体育艺术"的教育观念未转换过来，在"唯分论"的思想指导下，学校、学生和家长过度重视语、数、英考试科目，忽视体育与艺术的培养，使素质教育落空。

其次，体育与艺术课程教学效果不佳。一方面，由于农村小学的体育与艺术的教学条件有限，例如，教学场馆、体育器材、场地设施不足，对教师开展体育和艺术课程有所挑战；另一方面，体育与艺术课程教学内容相对简单，以传统体育与艺术项目为主，学生提不起兴趣，而富有地域特色的运功项目却从未展开过，无法满足不同学生的兴趣和特长，体育课容易上成游戏课、自由课。

（2）学生缺乏体育与艺术、爱好和特长方面的培养，导致体质不佳

由于小学生身体和心理发育处于未成熟阶段，学生对体育与艺术课程和体育项目的兴趣和认知能力较弱，难以判断和坚持适合自己的体育与艺术项目。同时传统的体育与艺术项目无法调动学生参与的积极性和自主性。进入21世纪以来，我国的国民体质直线下降，青少年运动匮乏，身体状态呈现出亚健康状态。学校管理者由此意识到：改善体育与艺术教育环境，提高学生的身体素质对培养学生的综合能力具有深远的现实意义。

3. 师资情况

（1）教师数量和质量不均衡

建设一支高质量的教师队伍是学校未来发展的源头活水。但是民乐小学由于地处乡村，教师数量不足，教师结构失衡，尤其是体育与艺术教师师资严重匮乏。具体表现在：难以吸引优秀教师，教师数量短缺；从年龄结构上来看，教师队伍年龄结构偏老化，35岁以上的教师居多，年轻教师很少。专业体育与艺术教师更是少之又少，大部分来源于其他科目教师的转化，一门课程的教师"身兼数科"。随着20世纪末国家把开发体育与艺术课程提高到新的高度，提高教师专业素养，改进教学方法，探索和开发适应学生学习的体育与艺术教学资源和教学模式是亟待解决的问题。

（2）教师流动性强

农村中小学学校往往容易陷入优质教师"招不来，留不住"的尴尬局面。由于民乐小学规模小，发展前景不佳，在教学环境、工资待遇和职业发展前景等综合因素下，教师们流向城区学校和优质学校的意愿更强。一方面在"撤点并校"政策下，在校教师对自己的未来去向产生担忧，并且农村学校教学资源实力和培养能力方面先天不足，留不住人是普遍现象；另一方面，城镇化进程打破城乡教师流动的壁垒，使得教师调动工作更为便利。这些原因直接导致了学校优秀教师为了寻求安

全感和发展前景更倾向于向城区学校流动。这对于本就缺乏优质教师和专业教师的农村薄弱学校而言，无疑是雪上加霜，进一步削弱了师资力量。如何盘活校内体育与艺术教师资源，增强教师的价值认同，建立职业发展信念感是实现农村学校长远发展必不可少的关键点。

4. 生源情况

（1）生源来源复杂，流动性强

民乐小学的学生主要来源于外来务工随迁子女，生源具有复杂性、流动性等特点。20世纪末，在产业化和城镇化的大规模推动下，农村人口大规模向城镇流动，使随迁子女和进城务工随迁子女数量不断增加。西樵镇以建陶业、五金电器、化工和印刷专业为支柱性产业，其中制造业发达，吸引众多外来务工人口。在此背景下，学生来源于五湖四海，同时学生受父母工作调动和家庭经济能力的影响，学生内涌外流是常见现象。随着城镇化的发展和农村义务教育学校布局调整，有能力的家庭向城区寻求更加优质的教育资源，生源向外流出。同时，由于本地用工需求增大，外来务工人员不断向内流入，其随迁子女寻求在本地上学的机会。总体上来说，民乐小学的生源不稳定，具有一定的流动性。

（2）学生自我认同感和归属感较低

由于随迁学生成长环境和家庭氛围有所不同，导致他们在学习基础、学习积极性以及行为习惯上呈现很大的差异，处于难以融入学校环境和处理人际关系的困境，容易降低随迁子女的自我认同感和归属感。究其原因，主要有以下几点：第一，虽然随迁子女相比于留守儿童拥有比较完整的家庭结构，但是由于家长文化水平有限且忙于生计，导致疏于对孩子的关心和照顾，无法照顾到孩子的教育问题。同时家长普遍重视语、数、英考试科目，忽视体育和艺术爱好特长的培养，全面发展逐渐变成不平衡发展。第二，生活空间的转化让随迁子女脱离原有的朋辈关系，融入新环境建立新的师生交往关系具有一定的困难，这种困境容易诱导其产生负面心理[1]。因此，大部分学生得不到及时恰当的教育和支持，容易产生"异乡人"的

---

① 柳建坤，何晓斌，贺光烨，等. 父母参与、学校融入与农民工子女的心理健康：来自中国教育追踪调查的证据［J］. 中国青年研究，2020（3）：39-48.

孤独感和自我怀疑，自我认同度和价值感较低；外在行为表现出自卑，散漫，缺乏规则意识，学习能力弱，不敢有梦想追求。

（二）解决的主要问题

基于这一现状，民乐小学亟须解决的主要问题有：

（1）学校、家长和学生普遍重视语、数、英等毕业会考科目，忽视学生体育与艺术的培养，使得素质教育无法有效落实。虽然大部分的农村学校有开设体育与艺术课程，但被主科课程挤占、停上的事常有发生。显然，这种"重智育、轻体育"的教育观念未转换过来，素质教育落空。

（2）外来务工人员子女缺乏自信，不敢有梦想，体育与艺术特长没有得到培养。由于学校75%的学生为外来务工子女，在新的环境中无法很好地融入，使得其缺少主动学习的积极性以及存在陌生、胆怯等自卑心理，导致学生体育与艺术特长无法得到培养。

（3）农村学校缺乏利用体育与艺术特色课程打造学校内涵发展的认识、路径和课程资源。由于农村小学体育与艺术的教学条件有限，对教师开展体育与艺术课程有所挑战，学校缺少带有地域特色的优秀传统文化进行教育教学的意识和能力，无法满足不同学生的兴趣和特长方面培养的条件。

第四章 体育与艺术校本课程开发的历程

任何课程的开发都不是一蹴而就的，从资料整合到编写，再到实践、调整优化，需要经历一个漫长的过程，民乐小学从1991—2004年，经历了从良好的发展到被定为"待撤并学校"的巨大转变，学校为了寻求自身的发展，就需要积极探索，寻求转型。在不断摸索的过程中，终于找到了一条适合学校发展的道路，即开发特色体育与艺术校本课程。下面，具体介绍学校打造特色体育与艺术课程的过程。

民乐地处有珠江文明灯塔之称的西樵山北端，是广东省内最大的行政村之一。民乐之名，取其太平盛世，民众安居乐业之意。"民乐有个窦，家家纺织声"。说民乐，不得不提的就是民乐窦。民乐窦是南海一处较有代表性的古迹，建于明朝，清朝光绪四年重修。窦即窦闸，是一种水利设施，用于防涝和灌溉。民乐窦建在河涌上，也起到桥梁作用，上能通车，下能行船。民乐窦之所以有代表性是因为它见证和承载了广东佛山西樵丝绸业发展历史。百年窦闸鼎盛一时，清代至抗日战争前，民乐丝织业十分兴旺，也成了当时广东最大的丝织品集散地。其时，装满丝织品的船只从民乐窦起航经官山涌和北江水道运往广州或江门出口到东南亚、中东和欧洲等地。民乐还有一个旧称"民乐市"，已有数百年历史，是西樵最繁华的墟市。"屋内缫丝鸣机杼，窗外商贾汇巷道。声声百里能相闻，民乐繁华胜官山。"这是一首当年赞美民乐的诗句。民乐旧墟虽然只有一条直街，分为上北街和下北街，店铺就有300多间，客流非常之大，商业经营林林总总，应有尽有。民乐纺织工艺源远流长，"广纱甲天下，丝绸誉神州"，是西樵纺织业留下的历史美名，而民乐则是西樵纺织业兴盛发展的典型代表地区之一。

新中国成立至改革开放到现在，纺织业仍是民乐的传统产业。而今，旧的"民乐窦"水闸已停用，"民乐市，官山墟"，西樵山下的民乐，跨越两个世纪，韵味依然。但从民乐窦走出去的纺织业也一直在延续。

2016年的上海时装周西樵纺织举办专场展示了西樵纺织业的创新魅力。

2017年5月，西樵渔耕粤韵文化园推出西樵江上丝绸之路旅游线路，把民乐窦设为线路的终点，再次唤醒人们对于"民乐有个窦，家家纺织声"的回忆。声名远扬的民乐丝织始终是西樵纺织产业发展史上的辉煌印记。

民乐有深厚的历史和文化底蕴，缘生了从民乐窦走来的教育理想。1989年末，在管理区干部的发动下，建造新的民乐小学，消息一发出就得到了全体村民的大力支持，很快就征得与民乐市场隔涌相望的10 000多平方米土地。1990年顺利动工，开辟了200米环形跑道操场。在操场北兴建一座三层教学楼，即有了现在的"启沅楼"。教学规模扩大，12个教学班，可容纳600余名学生。1991年9月竣工，正式更名为民乐小学，首任校长潘以权带领师生迁入新的校区，学校管理井然有序，教育方针得到贯彻。此后，几代民乐小学人栉风沐雨，薪火相传。

1995年，民乐小学第二任校长潘道仔调入。此时，正值民乐地区的纺织行业到达巅峰时期，千家厂万台机是实在景象。因此输入了大量的商家和务工人员，大街小巷行人摩肩接踵，热闹非凡。与此同时，在此从商和务工人员也带孩子到这里入学就读，民乐小学域外学生已经占70%。造成了民乐小学课室和教学设备严重不足。潘校长立即与民乐村村委会商讨，申请扩建。村委会义不容辞，再次出资在操场东北角兴建了一座五层教学楼，即有了现在的"飞鸿楼"。教学规模继续扩大，24个教学班，可容纳1 000余名学生。

到了2004年，经过了十几年的发展，民乐小学成为薄弱学校之一。第三任校长区才芳调入，她带领团队高瞻远瞩，迎接新的挑战，积极推进教学改革，提出"寻找黄飞鸿足迹"课题，开展体育与艺术校本课程的开发，大胆实践，探索不止，走出了一条教育创业之路。

首先，以课题为窗口，摸索发展方向。民乐小学以"挖掘本土文化，开发校本课程"的全校性课题为支点，在此课题的方向下确立四个子课题（如图4-1），探索学校发展的方向。

图4-1　2004年全校校本课程框架体系

其次，把南狮武术传统技艺当作突破口正式引入体育课堂。通过对本土南狮武术历史渊源、文化内涵、人文精神的挖掘、整理和提炼，学校选择离学生生活最近的体育与艺术——狮艺武术为切入，既传承本土文化精神，又找到学校发展的窗口。

最后，从个别社团活动走向全员研习，迈入改薄的第一步。从个别化、零星式的教学到狮艺武术特长班的创建，传统技艺逐渐转化为一个个具体的教学内容和学习模式，使全体学生在课堂中习得狮艺武术技艺，推动阳光体育大课间的常态化发展，提升学生身体素质，领悟传统文化魅力。

本阶段的特点：提出以全校性课题为引领，四个方向子课题为实践探索。在三级课程管理的框架下，逐步探索，将传统文化元素整合为校本课程，找到学校发展的突破口，为后续开发体育与艺术校本课程的探索奠定了坚实的基础。

三、开发实践——整体构建体育与艺术校本课程体系（2006—2010年）

该阶段学校开始积淀汇编了部分精品体育与艺术课程，打造体育与艺术课程实践平台，稳定师资队伍，成立专项课题组，将其融入素质教育体系框架中。

首先，体育与艺术校本课程体系初现雏形。结合农村学生的认知实际，把民间传统体育与艺术创新性地转化为"少儿狮艺""少儿武术"，同时融合舞台艺术，创编武术艺术类舞蹈，使得体育与艺术课程深深扎根于传统文化中，让传统文化得以再创造、再传承。逐步形成零星的校本课程资源，如《武出健康人生》《智慧飞鸿》《风雨飞鸿》《飞鸿之歌》等，创编系列南狮武术与艺术相结合的艺术作品，同时开展以"黄飞鸿纪念馆"为原型的"德艺双馨，文武相晖"的体育与艺术教育展览。在此基础上，培养学生的特长，品味乡土文化积淀，树立学生文化自信、爱家爱乡的优秀品质。

其次，为体育与艺术课程实施构建实践平台。以体育与艺术"2+1"项目推进为突破口，实施每天一小时体育大课间、每天一小时社团活动课、每周一节南狮武术课、每周一节器乐课、每周一舞台展示、每学期一汇报的"六个一工程"一体化课程实施体系（图4-2），在特色活动中彰显本土文化魅力，推动体育与艺术校本课程的"多点"研发，使得学校获得了转型发展的契机，增强了社区、家长、师生努力向前的信心和动力。

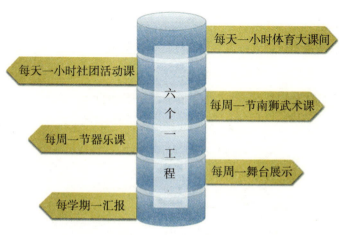

图4-2　学校"六个一工程"一体化课程实施体系

最后，以内拓外联方式稳定师资力量。2006年在学校设立"南狮武术训练基地"，学校用有限的经费聘请2位校外"民间师傅"给学生上南狮武术课。学校通过引入体育与艺术院校专业教师，补充师资力量，把原有体育与艺术特长教师进行再培训，转化为专职的体育与艺术教师，激扬师资活力，构建成长平台。同时，学校整合市、区、镇著名的狮艺武术传承人、本土音乐制作人、高校专家、体育与艺术类专职教师，组建体育与艺术校本课程开发顾问团队，成立了体育与艺术特色校本课程研究中心，集体研究体育与艺术校本课程开发与实施方案。

该阶段的特点：学校整合资源，校本课程资源在发展过程中初见苗头，搭建实施平台，整合在校体育与艺术教师资源；同时与政府机构、文化部门、民间狮艺部门、高校专家等共同参与，形成内外联系的课程开发共同体；成立特色发展教研小组，研究国家课程标准，确定教学目标，编写校本课程资源。

四、发展创生——深耕体育与艺术校本课程（2010—2016年）

首先，提出适合学生发展的整体办学理念和育人目标。根据体育与艺术开发与实践，系统提出"德艺双馨，文武相晖"的育人目标，形成一生好习惯，一流好品格；一门好手艺，一项好乐趣；一手好字好文章，一生阅读好思辨；一项好体育，一身好体魄的"八个一"工程的素养发展指标。深化学校办学内涵，提炼了75%学生是外来务工子女的生源结构现状，将"鸿雁远飞"与"飞鸿人文精神"融合，凝练成"怀梦想、习智慧、持坚毅、行仁爱"的校园精神，并成为全体师生追求的行为准则与价值取向。开发出《飞鸿精神》《飞鸿誓词》《飞鸿赋》《小飞鸿规则伴我成长》《小飞鸿领航手册》等学校文化标识，提出了"飞鸿教育·育人成人"的办学理念，系统地优化了学校办学顶层设计。

其次，形成体育与艺术"2+2+N"校本课程体系（图4-3）。

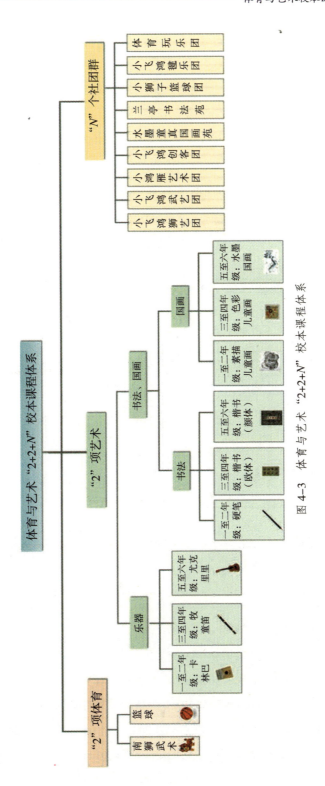

图 4-3 体育与艺术 "2+2+N" 校本课程体系

在扎实推进教育部办公厅下发实施体育与艺术"2+1"项目落实的基础上，学校结合学生发展需求发布《民乐小学体育与艺术"2+2+N"一体化课程实施行动指南》（图4-3），让每个学生在学习掌握两项体育运动技能和两项艺术专项的基础上，增加一项自主选择的体育与艺术特长社团专项课。

在原有校本课程资源的基础上，依托本土人文精神的校本课程体系结构应运而生，同时学校高度重视体育与艺术以课程为载体的转化及跨学科融合发展，开发《岭南少儿狮艺》《岭南少儿武艺》《小飞鸿画南狮》《小飞鸿学书法》《小飞鸿学器乐》系列校本课程。进一步探索农村学校体育与艺术素养发展的常态化实施路径，建构"乡村生态、城市品质"的评价体系与管理机制，深化落实常态化体育与艺术校本课程实施（图4-4）。

体育与艺术校本课程实施图表

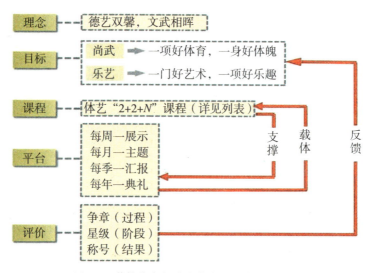

图4-4 学校体育与艺术校本课程常态化实施流程图

实行每周体育与艺术常规课，推行每天一节体育课、形成每天40分钟体育大课间，落实南狮武术、篮球全员学习；推行每周各两节书法、国画与乐器课，落实每天午练静心练笔、暮韵器乐吹奏；拓展了九大体育艺术学生社团群（图4-5），包括26个体育与艺术学科的校本课程资源群；深化以体育与艺术活动建设为学校文化滋养的"榜样化"成长平台，举办四大文化节（图4-6），让每一个学生都能够在展示与分享中彰显自信魅力。在实践与探究中，张扬个性、培养共性，形成健全人格。

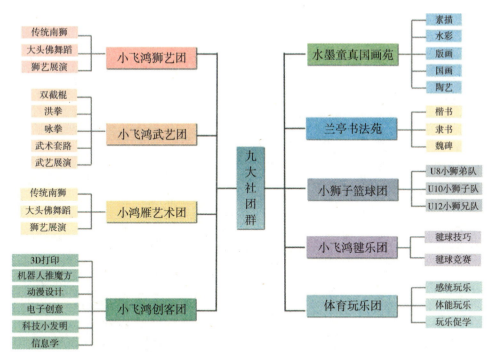

图4-5 飞鸿少年九大社团群

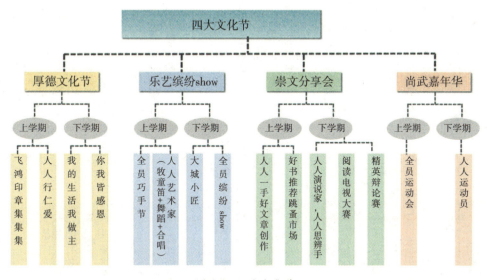

图4-6 四大文化节

最后，形成以素质教育发展为导向的课程评价体系。创新师生成长评价激励机制，以"领航手册"家校手册为评价载体（表4-1），以"争章晋升计划"为评价途径，以"成长典礼"为成长平台。

表4-1 领航手册学生部分评价指标

学段	"厚德"目标	"乐艺"目标	"崇文"目标	"尚武"目标
第一学段(一、二年级)	1. 有自己的梦想; 2. 培养对班集体、对家庭的责任意识,为集体及家庭做力所能及的事; 3. 培养规则意识及形成守规则的习惯; 4. 培养初步的是非判断能力; 5. 培养基本的自理能力	1. 培养初步感受美的能力; 2. 培养音乐、体育、美术、科学等兴趣和爱好; 3. 学生懂得欣赏美,对艺术产生兴趣; 4. 引导欣赏中华民族优秀传统文化	1. 对学习产生兴趣,每天阅读时间不少于半个小时; 2. 能独立按时完成学习任务; 3. 能根据自己的能力设立恰当的学习目标并努力实现目标	1. 养成良好的生活、卫生习惯; 2. 掌握并认真做好狮艺武术操; 3. 会跳绳和转呼啦圈; 4. 积极参加学校各种体育活动及体育锻炼
第二学段(三、四年级)	1. 培养目标意识; 2. 培养家庭、集体及对自我基本责任感; 3. 培养人际交往能力、集体荣誉感; 4. 培养自尊、自爱、自信、团结协作、诚实勇敢、不怕困难的良好心理品质	1. 有自己的艺术兴趣爱好; 2. 积极参与艺术活动; 3. 使艺术特长得到初步发展; 4. 学会欣赏中华民族优秀传统文化	1. 养成良好的学习习惯; 2. 能按照学习目标学习,掌握自学能力; 3. 养成阅读习惯,每学期阅读量不少于12万字	1. 养成健康的卫生及饮食习惯; 2. 掌握基本的狮艺武术操和八段锦; 3. 坚持锻炼身体,掌握基本的健身技能; 4. 积极参与体育活动及体育锻炼
第三学段(五、六年级)	1. 培养民族自尊心和自豪感、自立、自强的品质; 2. 培养自我保护意识和能力,以及分辨非善恶的能力; 3. 培养诚实守信、坚定勇敢、不怕挫折的良好心理品质; 4. 培养广泛的兴趣、健康的审美情趣,创新精神和实践能力	1. 掌握各学科感受美、理解美最基本的方法,并掌握创造美的能力; 2. 掌握音乐、体育、美术、科学等基本知识体系,并使其得到稳定发展; 3. 艺术特长得到进一步的发展; 4. 传承中华民族优秀传统文化	1. 能自定学习目标,根据目标设置学习计划,独立按时完成学习任务; 2. 每学期阅读量不少于25万字; 3. 对周围发生的事能发出自己的看法,有独立的思想	1. 每天坚持锻炼,并能合理安排体育锻炼时间; 2. 掌握健身技能; 3. 学会监测自己的身体状况,并掌握自己的体测数据,并积极锻炼身体; 4. 形成稳定的体育兴趣爱好,积极参与各类体育健身活动; 5. 了解国际、国内重大体育赛事

这一阶段的特点：学校以体育与艺术校本课程的开发与实施为学校发展战略，形成"目标—开发—实践—评价"的课程体系，引领学校内涵发展和师生专业成长。完善了体育与艺术特色课程的理论和实践模式，发展了育人模式闭环的形式。以"德艺双馨，文武相晖"的育人目标为指引，体育与艺术"2+2+N"课程体系模式深化课程发展，促进校本课程实践创新，使德、智、体、美、劳"五育"并举、融合的综合素质得以全面发展。

五、深化推广——不断发展"飞鸿教育"特色品牌（2016年至今）

首先，校本课程资源及实践研究全面加速推进。为了能够进一步拓宽体育与艺术校本课程的发展内涵、领域和路径，全面推进体育与艺术课程融合的项目学习，并在不断深化课程探究的过程中取得一定的突破。2016年学校成立体育与艺术特色教育发展研究中心，在南海区教育发展研究中心、镇教育局的大力扶持下，扎实推进特色项目的实践。同年10月，学校体育与艺术特色学校创建方案获得广东省特色学校创建方案评比一等奖，并将我校的内涵发展方案收录进《特色学校发展》一书并出版发行。2016年与区教育发展研究中心联合开发出版了《佛山武术》地方课程。

与西南大学基础教育研究中心联合开发出版了《岭南少儿狮艺》，编写了《飞鸿少年四项修习》《小飞鸿学乐器》《小飞鸿学书法》《小飞鸿画南狮》等校本课程（图4-7），2020年编写出版了论著《发达地区农村薄弱学校体育与艺术校本课程的开发与实践》。

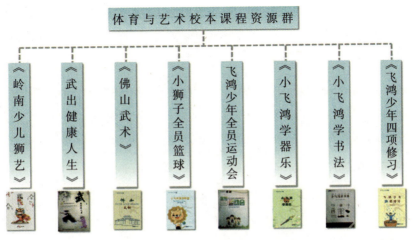

图4-7 体育与艺术校本课程资源群

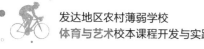
其次，学校体育与艺术特色课程实施效果逐步凸显。体育与艺术课程全面开展实施，把体育与艺术课程与国家基础课程相融合作为系统工程，形成一个不断深化、不断验证、螺旋上升的实践整体。

2017年4月，中央电视台《记住乡愁》以长达15分钟的篇幅记录了民乐小学在传播本土文化，践行本土人文精神的专题片。同年，中国教育电视台《传承的力量》拍摄以体育与艺术为突破口的学校创建纪实。2017年，民乐小学4名师生前往澳大利亚、瓦努阿图等国进行文化交流。

2018年与西南大学基础教育研究中心和广州体院、星海音乐学院、广州美院等高校合作，深入研究体育与艺术校本课程在农村学校"常态化课堂"的实施，民乐小学获评广东省首批中小学艺术特色学校。2019年，学校体育与艺术校本特色课程开发与实践创新成果，参加第五届中国教育创新成果公益博览会，并作为小学代表在大会上做主题发言。

2019年，狮艺武艺作品《冧妹，去打仗》获得全国少儿艺术展演一等奖，武术竞赛斩获2019年粤港澳大湾区总冠军，原创音乐作品《大头佛》代表佛山市参加2019年广东省中小学美育改革发展交流活动。

2020年，在全国第九届少年儿童书法、硬笔书法大赛中，民乐小学吴洛施斩获软笔书法一等奖，张宇轩斩获硬笔书法一等奖。书法苑及国画苑作品成为美国汉语桥校长们到访争相收藏的作品。

最后，将办学经验和教育理念进一步向外输出，辐射带动，共享资源。其一，校本课程资源在镇域推广，形成独具特色的狮艺体育与艺术课间操、年度镇内展演竞赛等；其二，形成通过实地送教及网络远程到香港、澳门、山东、四川凉山州、辽宁、黑龙江、重庆等地的中小学。例如，与河源百罗小学达成长期帮扶协议；帮扶支教到四川省凉山州进行了为期半年的体育与艺术支教活动，以行动践行渗透到凉山学校的每一个角落；重庆市北碚区水土小学引入民乐小学体育与艺术课程资源群，成为该校特色发展的有力支撑。其三，2017年代表国家赴澳大利亚、瓦努阿图、沙特阿拉伯进行官方访问交流。

该阶段的特点：更加注重学校的稳步长远发展，对前三阶段的研究成果进行提炼和深化，创造性地开展体育与艺术课程综合化实施，科研研究和办学成果显著。同时，加强推广办学经验，深化办学理念。推广影响范围扩大，通过课程资源使用、教师传送和培训、办学经验输送等辐射带动，示范一方，影响全国。

体育与艺术校本课程的开发与实践过程为全面实施素质教育开辟了一条突围之路，提炼出薄弱学校发展的办学经验，也丰富了立德树人下的校本课程和教学研究理论，进一步拓宽了体育与艺术特色课程促发展的内涵、范围和路径，同时，学校也将校本资源编写成一系列可落地的校本课程资源。

1. 体育与艺术融合校本课程——《飞鸿少年四项修习》

（1）课程开发目的

我国新课程改革提出，教育应以人的和谐发展、整体发展为导向，培养具备基础知识与基本技能，拥有健康体魄，秉持终身学习理念，树立正确人生价值观和积极人生态度的"全人"。所谓"全人"，就是培养有道德、有知识、有能力、和谐发展的人。民乐小学把育人目标定位为：健全人格的教育，即培养"德艺双馨，文武相晖"的飞鸿少年。《飞鸿少年四项修习》是在原有的《小飞鸿规则伴我成长》基础上，根据飞鸿精神，结合学校的特色教育活动，把品格教育和体育与艺术教育融合创新开发的更符合我们未来教育的校本教材。飞鸿少年的行为准则与价值取向是"怀梦想、习智慧、持坚毅、行仁爱"的飞鸿精神。在飞鸿精神的引领下，教师用关爱去培育学生的思辨、坚毅和仁爱等品质。

（2）课程开发意义

学校核心教育价值"飞鸿精神"浸润师生成为学校教育发展的新常态；《飞鸿少年四项修习》课程体系优化完善，能够满足学生"全面有个性发展"的需要，并产生较好的育人效果。

（3）课程内容设置（表4-2）

表4-2　课程内容

课程篇章	课程主题		年段	成果
怀梦想	美丽愿景	美丽愿景	一年级	学生教材 + 教师用书 + 其他材料
		梦想起航	二年级	
		描绘梦想	三年级	
		我的梦想我做主	四年级	
		筑梦人生	五年级	
		预见未来的自己	六年级	

续 表

课程篇章		课程主题	年段	成果
怀梦想	目标管理	今天做什么呢?	一年级	
		今日事今日毕	二年级	
		一周之计在于画	三年级	
		目标管理 事"冠"重要	四年级	
		达成目标无所畏惧	五年级	
		我的目标蓝图	六年级	
持坚毅	强身健体	不良姿势知多少	一年级	学生教材 + 教师用书 + 其他材料
		健康知识知多少	二年级	
		在运动中找到更好的自己	三年级	
		科学运动点亮生活	四年级	
		生物钟的小秘密	五年级	
		自我调息	六年级	
	持之以恒	认真的宝贝最可爱	一年级	
		你是专注的宝贝	二年级	
		坚持是一种品格	三年级	
		积跬步,至千里	四年级	
		在反馈与变通中坚持	五年级	
		抗逆力——面对挫折的法宝	六年级	
行仁爱	积极乐观	我真棒	一年级	
		不一样的我	二年级	
		我的情绪万花筒	三年级	
		向上吧,少年!	四年级	
		感恩——做更好的自己	五年级	
		我是校园小主人	六年级	
	和谐共处	有礼聆听我能行	一年级	
		学会和朋友好好相处	二年级	
		团结合作,快乐你我	三年级	
		互帮互助,收获幸福	四年级	
		生活需要宽容	五年级	
		我们与大自然和谐共处	六年级	

续 表

课程篇章		课程主题	年段	成果
习智慧	高效思维	我能言之有序	一年级	学生教材 + 教师用书 + 其他材料
		我能行动有序	二年级	
		蚕宝宝变变变	三年级	
		蚕的荒岛旅行	四年级	
		我是最佳分析师	五年级	
		我是小小策划家	六年级	
	知识技能	听说读写我通关	一年级	
		听说读写我最棒	二年级	
		阅读吧，少年！	三年级	
		绘制思维导图　发散思维之花	四年级	
		学会查阅资料	五年级	
		学会整合资源	六年级	

（4）课程实施路径与成效

基于儿童认知发展特点，课程实施方式要根据学生的年龄特点。秉持"分年段、分版块"的原则，为低、中、高年级的学生搭建内容框架，一至二年级，根据儿童广泛的探究、操作与表现的兴趣，以游戏的形式设置丰富多样的活动形式，在参与性的综合学习中增加体验，培养兴趣，发现特长。三至四年级开发基于学生兴趣和爱好，采用兴趣小组、主题单元活动等多种形式。五至六年级充分利用校内外的课程资源，为发展学生特长提供各种机会，避免进行单纯的技能训练，在课程的设置中注重分层，体现差异性，以满足不同学生的需求，从而取得更好的教育效果。

学校为满足学生的多层次需求，最大限度地挖掘和利用校内的课程资源，拓展和整合校外的课程资源，保障课程的实施。教师把蕴藏于师生中的生活经验、特长爱好进行创造性地转化，提高自身的教学技巧，不断丰富教学知识，充分发挥自身的潜能。学生在这一过程中，不仅学会了各项课程，也提高了自身的身体素质和艺术素养，更加积极健康、阳光自信。

（5）课程评价

① 以《小飞鸿领航评价手册》家校手册为评价载体。

《小飞鸿领航评价手册》评价体系是践行"飞鸿精神"的有形载体，是培养

"德艺双馨，文武相晖"新时代"成人"的一项可行保障措施。从小飞鸿"修德"、小飞鸿"学艺"、小飞鸿"崇文"、小飞鸿"尚武"四个方面设立评价体系，为培养全面发展、健全人格的"小飞鸿"架设成长的航标。《家校联系册》既可以让家长了解到自己的孩子每天在校的情况，也可以让家长随时随地向老师反映学生在家的情况，方便了教师、家长的双向沟通，让家校之间形成了和谐、理解、包容的氛围，缩短了家长、教师、学生之间的距离。评价主题是学生个人、家长和学校。

②以"小飞鸿争章晋升计划"为评价途径。

"小飞鸿争章晋升计划"评比活动是践行"飞鸿精神"的另一个有形载体，是少先队"雏鹰争章活动"校本化的重要落脚点。"小飞鸿争章晋升计划"结合《飞鸿少年四项修习》进行评价，通过设立目标和评比，强化学生的规则意识，培养学生良好的行为习惯，把社会主义核心价值观融入、落实到学校评价和管理服务各个环节，让学生将社会主义核心价值观内化于心、外化于行，培养学生健全的人格、积极的心态和良好的心理品质。营造积极向上学习的校园氛围，为培养优秀"小飞鸿"铺设成长的阶梯。

③以"小飞鸿成长典礼"为成长平台。

学校秉承"让学生成长为最好的自己"的教育理念，把成长为最好的自己作为评价学生最重要的标准，鼓励每一个学生的每一步成长，要求教师对学生自身的优点和闪光点给予充分的鼓励和认可。帮助学生充分发现自我、认识自我、完善自我；让每个学生都感受到成功的喜悦，树立不断进步的自信心。每学期末，学校都会对全校学生实施多元评价，评选共分为"厚德""崇文""尚武""乐艺"共四大类别，28个奖项。评选坚持赏识为主，坚持多种尺度衡量学生，做到一个学生都不能少，以促进学生综合素质和能力的全面提高，让鼓励成为学生成长过程中进步的动力。希望通过表扬奖励，让《飞鸿少年四项修习》课程成为学生成长的支点，在潜移默化与润物无声中，让学生的心灵更丰满，人格更完善，个性更彰显。

2. 体育与艺术融合校本课程——《岭南少儿狮艺》

（1）课程开发目的和意义

学校依托佛山作为"狮艺武术发祥地""黄飞鸿故乡"等本土人文资源的优

势，扎实推进校园体育特色创建工作，开发《岭南少儿狮艺》校本课程。该校本课程的开发有利于培养学生学体育、爱运动的良好品质，鼓励学生学传统技艺，爱本土文化，促进学生运动能力、审美能力、学习能力、创新能力的发展。

在精神上，以"怀梦想、习智慧、持坚毅、行仁爱"的飞鸿精神为引领，形成良好的校园狮艺文化氛围与精神动力；在理念上，践行体育特色育人理念，让每一个学生都能通过岭南狮艺展示个性，成就自我；在目标上，让每一个学生都能通过南狮运动发展运动技能与特长，增强健康体质，培养运动的兴趣与爱好，培养良好的终身体育意识。在行动上，让学生在技艺的锻炼中发展体育技能与特长，在文化与艺术的浸润中获得精神、心灵层面的成长，提升生命品质，成为一个全面发展的人。

（2）课程内容及形式设置（表4-3、表4-4）

表4-3　课程内容

具体课程内容		
传统南狮	醒狮文化	一年级：佛山有南狮
		二年级：狮舞各纷呈
		三年级：匠心铸狮魂
		四年级：合力唤醒狮
		五年级：寻狮溯根源
		六年级：狮道永流传
	醒狮技艺	菜青
		蟹青
		国家规定套路
	大头佛技艺	日常生活
		农作
		逗狮
	醒狮鼓乐	认识锣鼓镲
		锣鼓镲组合
		南狮鼓乐
	传统醒狮套路创编	创编案例呈现
	少儿群体醒狮竞赛规则	传统舞狮竞赛组织形式和规则

具体课程内容		
健身狮艺	健身狮艺的由来	情景引导（没有器材、场地、音乐、伙伴，你怎么做？）
		徒手的健身狮艺（萌狮律动）
		器械健身狮艺（狮舞岭南）
		综合健身狮艺（创编）
	健身狮艺音乐	与广东音乐的融合
		与流行音乐的融合
	健身狮艺竞赛规则	校园狮艺综合能力大赛竞赛组织形式及规则
舞台狮艺	舞台狮艺的由来	舞台狮艺的由来
		认识舞台狮艺
	舞台狮艺剧目	《佛宝闹狮》《狮道》《芙妹，去打仗》
	舞台狮艺剧目创编	创编原则
		创编方向
	舞台狮艺竞赛规则	舞台狮艺竞赛组织形式

表4-4　课程形式

开展形式	课时设置	主体
狮艺课	每周一节	全员学生
社团形式	每周五节	社团学生

（3）课程实施路径

①以《岭南少儿狮艺》为基，扎实开展常态化体育课程。

我们在传统南狮技艺的创新与转化的基础上，开发健身狮艺特色课程，创编特色武术操《男儿当自强》《南狮操》，通过一至二年级每两节的狮艺武术特色课程，三至六年级每周一节狮艺武术课程，做到天天有主题，课课有内容，结合每个学期的全校南狮操、武术操等比赛，每个学年度的"班级风采展"等形式，做到"人人能打一套拳，人人能舞狮，能学、能帮、能展示"，扎实常态化体育课程。

② 推进体育特色主题大课间，扎实提升学生体质健康标准。

以《国家学生体质健康标准》和《广东省中小学生体能素质评价标准》为导向，在"传统南狮""健身南狮"等课程有效开展的基础上，结合阳光跑操、跳绳、武术操、南狮操、综合体能等主题活动，推进"每天一小时体育特色大课间"活动（表4-5），提升学生的身体素质。

表4-5 "每天一小时体育特色大课间"内容设置一览表

星期	第一篇章	第二篇章	第三篇章	第四篇章
星期一	阳光跑操	升旗仪式	国旗下演讲	国旗下课程
星期二	阳光跑操	龙狮操	一级一拳	综合体能
星期三	阳光跑操	武术操	一级一拳	综合体能
星期四	阳光跑操	一级一拳	南狮操	自主体育活动
星期五	阳光跑操	狮艺武术大会操		

③ 每天两小时社团活动，发展学生运动特长。

学校在有效落实体育与健康课程的基础上，基于学校所处的人文、地理位置、场地及空间条件，以团建为载体，以水平一、水平二、水平三为梯队晋升模式，以武术、南狮为重点发展项目，整合为狮艺武术特色社团——小飞鸿国术团。该艺术团以课程选修为机制，一至六年级学段全覆盖，以每天两小时的社团活动为保障，发展学生运动特长。

（4）课程实施的效果与评价

① 增强学生体魄，发展学生个性。

以班级为主体的"阳光体育缤纷秀"活动是以常规体育课程的落实为基础，在促进学生身体健康、技能提升的同时，创设平台让学生通过个人展示、团队展示、对抗赛等形式，发挥学生的天性，发展学生的个性，同时也是对教师教学成效的有力检验。

② 实现学科融合，促进教师联动。

以年级为主体的"南狮之班"活动，在整合常态体育课程的基础上，以项目竞赛为平台，实现体育学科与德育之间的有效融合，促进体育学科教师与年级长、班主任、班科任之间的有效联动，为学生的全面成长形成"统一战线"，发挥自身优势，形成共同发展与成长的共同体。

该项目通过以年级为主体的"飞鸿之班"创建主题体育活动，让教师、学生在如何训练、如何展示、如何比赛的过程中形成合力，共同承担失败，分享胜利的成果。正是这样的过程在学科与德育之间无形中达成了教育的一致性，促进了教师和学生的共同成长。

③推进全员参与，打造共同学习平台。

"全员狮王争霸"的核心价值在于全员参与，以舞台即社会、舞台即人生、舞台即全场、舞台即文化场、舞台即育人场为核心理念推进全员参与。

一场狮艺展示能够顺利进行，需要裁判长、裁判员、记录员、计时员、技术统计人员、狮头、狮尾、大头佛、锣鼓镲、教练、主持人、狮艺宝贝、表演人员、场地人员、小记者、摄影师、队医、音响师等不同职位的共同努力，每个学生都可以根据自己的想法，向教师提交申请表竞选各种职位，教师再给予引导与培训，让班主任、学科教师和校长与全体学生全员参与。在这一过程中，学生们可以感受到狮艺的魅力，提升组织协作能力，更有机会发现自己的特长，加强师生之间的凝聚力。

3.体育校本课程——《全员篮球联盟》

（1）开发《全员篮球联盟》项目的目的和意义

开展《全员篮球联盟》项目，旨在为不同年龄、不同能力的学生提供运动的机会，丰富他们的运动体验，提高他们参与篮球运动的热情，提高学生的规则意识、合作精神和意志品质，为全面实施素质教育，提高体育教育质量，健全学生人格品质起到重要作用。

《全员篮球联盟》是在中国传统学校体育思想和方式的基础上，进行了很好的改良，提高体育教学质量。开展篮球课程有助于增强学生身体素质、培养兴趣爱好和丰富课外活动。同时，在篮球运动过程中可以帮助学生释放压力，对提高团队意识、培养学生兴趣、养成锻炼习惯、掌握运动技能、增强学生体质具有积极影响。

（2）课程内容设置（表4-6）

表4-6　课程内容设置

《全员篮球联盟》文化	一年级：一、二年级U8组别（四对四比赛，男女不限）；运球接力；传球接力；投篮比赛
	二年级：一、二年级U8组别（四对四比赛，男女不限）；运球接力；传球接力；投篮比赛
	三年级：三、四年级U10组别（四对四比赛）；运球接力；传球接力；投篮比赛
	四年级：三、四年级U10组别（四对四比赛）；运球接力；传球接力；投篮比赛
	五年级：五、六年级U12组别（五对五比赛）；运球接力；传球接力；投篮比赛
	六年级：五、六年级U12组别（五对五比赛）；运球接力；传球接力；投篮比赛

（3）课程内容实施路径

①《全员篮球联盟》通过开展丰富多彩的篮球项目，有效增加了篮球运动的趣味性和吸引力，内容较为新颖独特，形式多样有趣，为学生所接受。该课程以篮球为中心点，开展精益"球"精的各项运动，不同项目是根据不同学段学生的年龄特点，以多样化的特色项目实现教学（表4-7）。让学生在做中学，在提高其身体素质的同时，感受到体育运动给生活和精神上带来的变化。

表4-7　课程实施项目一览表

项目名称	具体事项
项目1　全员投篮	适合年级：一至六年级 参加人数：某个年级的全体学生参加 比赛方法：学生在罚球线站好，听到"预备"声时做好准备，比赛时长为1分钟，听到发令枪声后开始投球，直至停止的发令枪声响起，立即停止投球，否则将被罚分。比赛停止后，各组的裁判员开始计数，以投进筐多的为胜利。 第一名100分，第二名90分，第三名80分，第四名70分 比赛场地：篮球场 比赛道具：球车、球沙包（每人1个） 裁判人数：2人 罚分方法： 1.停止的发令枪响后再投球的，每人罚5分 2.如进筐，则每包罚10分 3.对集合和退场行动迟缓的罚10分 注意事项：无

续 表

项目名称	具体事项
项目2　全员投沙包	适合年级：一至六年级 参加人数：某个年级的全体学生参加 比赛方法：学生从入场门入场后围绕在篮筐周围站好，每人拿两个沙包。听到"预备"时做好准备，比赛时长1分钟，听到发令枪声后开始投包，投不进的可捡起再投，直至停止的发令枪声响起，立即停止投包，否则将被罚分。比赛停止后，各组的裁判员开始计数，在全场统一计数的呼喊声中逐一向外扔包，直至扔完竖起篮筐，以投进筐多的为胜利。 第一名100分、第二名90分、第三名80分、第四名70分 比赛场地：小篮球场 比赛道具：篮筐、球车、沙包（每人两个） 裁判人数：2人 罚分方法： 1.停止的发令枪响后再出手投出的沙包，每包罚5分 2.如进筐，则每包罚10分 3.对集合和退场行动迟缓的罚10分 注意事项：无
项目3　滑步、后踢跑、开合跳穿越雷区	适合年级：一至六年级 参加人数：某个年级的全体学生参加 比赛方法：学生在边线站好，用篮球脚步通过分散摆放的篮球。听到"预备"声时做好准备，比赛时长为1分钟，听到发令枪声后开始穿越，碰到球的可再移动，直至停止的发令枪声响起，立即停止移动，否则将被罚分。比赛停止后，各组的裁判员开始计人数，以通过人数多的为胜利。 第一名100分，第二名90分，第三名80分，第四名70分 比赛场地：篮球场 比赛道具：篮球 裁判人数：2人 罚分方法： 1.停止的发令枪响后，每球再移动的，每人罚5分 2.如脚碰到球的，每球罚10分 3.对集合和退场行动迟缓的罚10分

续 表

项目名称	具体事项
项目4 闪电传球	适合年级：一至六年级 参加人数：某个年级的全体学生参加 比赛方法：学生在篮球场呈"Z"字形站好，每班有两个篮球筐，一个班的人数球，一边空框。听到"预备"声时做好准备，比赛时长1分钟，听到发令枪声后开始传球，掉球的可捡起再传，直至停止的发令枪声响起，立即停止传球，否则将被罚分。比赛停止后，各组的裁判员开始计数，以传球进空筐多的为胜利。 第一名100分，第二名90分，第三名80分，第四名70分 比赛场地：小篮球场 比赛道具：篮筐、球车、每人一"球" 裁判人数：2人 罚分方法： 1. 停止的发令枪响后再传球的罚5分 2. 如进筐，则每"球"罚10分 3. 对集合和退场行动迟缓的罚10分
项目5 穿越火线	适合年级：一至六年级 参加人数：某个年级的全体学生参加 比赛方法：学生从篮球边线站好，一班左右两边站开拍球，一班一队拍球从中间通过，一边负责保护球，一边负责拍掉球，每人拿一个球。听到"预备"声时做好准备，比赛时长为1分钟，听到发令枪声后开始穿越，拍掉球的可捡起再重头穿越，直至停止的发令枪声响起，立即停止穿越，否则将被罚分。比赛停止后，各组的裁判员开始计人数，以通过人多的为胜利。 第一名100分，第二名90分，第三名80分，第四名70分 比赛场地：篮球场 比赛道具：篮筐、球车，每人一球 裁判人数：2人 罚分方法： 1. 停止的发令枪响后再运球的，每人罚10分 2. 集合和退场行动迟缓的罚10分

② 覆盖面广，参与者众。篮球活动不仅仅是以年级为单位开展，而是打破年级的界限，以年级和年级之间的合作竞争，单人作战和团队协作甚至家庭团队比赛等形式，让篮球成为全员参与的项目，营造"人人有球打，人人打好球"全员参

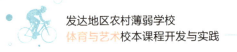
与的良好氛围。

（4）项目效果成效和评价

① 促进学生身心健康，发展学生个性。

篮球是深受学生喜爱的球类运动，球场即社会。学生在运动过程中可以获得极大的乐趣和各种体验，对学生的全面发展具有重要的促进作用。篮球运动有助于学生从紧张的学业压力中得到放松，丰富课余生活，提高学习效率。同时，长期参与篮球运动对人体的力量、速度、耐力、反应力起到一定的促进作用，对改善学生的心理素质和提高身体素质具有重要作用。人的全面发展首先是学生身体健康的发展。除此之外，还包括人的思想意识、心理水平、情感意志、道德品质和判断能力的全面发展。篮球运动可以让学生对自己全面发展的价值具有更深刻的认识。

② 促进教师角色转化，推动教师专业发展。

篮球联盟不是生搬硬套的传统体育项目，而是教师通过不断学习、不断研究和不断创新制订出最适合学生身心发展的体育课程。在此过程中，教师不但要研究学生，还要研究教学方法，持续的教学研究为教师提供了一个良好的平台。教师在平时训练中对学生充分了解，积累教学经验，从日常篮球课程教学到班级篮球赛中带动学生更好地投入到教学过程中来。此过程中，教师的角色不单是教书者，更是课程研究者，由此推动了教师的专业化发展。

③ 密切联系学校和社会，形成教育合力。

篮球校本课程实施牵涉面广，密切联系社区和家长，得到社会的支持，社区、家长共同参与到课程开设和实施的整个过程，集思广益，使得篮球课程更具地方特色，更贴近当地生活。

4. 体育校本课程——《全员运动会》

（1）课程的目的和意义

《全员运动会》构想的提出，首先是毛振明教授早年在日本留学时，受日本全员性运动会所启发，回国工作后就一直想在日本全员运动会的基础上，创新出符合中国学校特点的新型运动会，以彻底打破"少数人在跑，多数人在晒太阳"的旧有运动会模式。于是，他经过多年的总结和思考，在总结日本全员运动会特点的基础上，创新了300多种集体比赛的运动会项目，全面改造了运动会的形式，也纠正了当前 "体育节""亲子运动会""趣味运动会"的各种缺陷，强化运动会的教育性和锻炼性，形成了一种在理念上、内容上、形式上和氛围上都是全新的学校运动会，毛振明教授将其命名为《全员运动会》。

《全员运动会》的表面价值在于全员参与。运动会中，班主任、学科教师和校长与全体学生一起运动、一起比赛，"一个都不能少"是运动会的原则。于是，那些好玩的运动和竞赛终于成了"有赛无类"的义务教育，学生与家长、教师甚至与校长一起享受着运动，享受着竞争，享受着阳光，享受着友情，享受着合作，享受着胜利。

（2）课程内容及形式设置（表4-8、表4-9）

表4-8　课程内容

课程内容		
全员运动会	活动项目	一年级：速度与柔韧性（最长绳子）投掷与协作性（投包入筐）
		二年级：速度与柔韧性（最长绳子）投掷与协作性（投包入筐）
		三年级：速度与协作性（旋风奔跑）敏捷与协调性（绳梯攻城）
		四年级：速度与协作性（旋风奔跑）敏捷与协调性（绳梯攻城）
		五年级：力量与协作性（四绳拔河）生命教育（溺水救援）
		六年级：力量与协作性（四绳拔河）生活教育（灭火器接力）

表4-9　课程形式

开展形式	课时设置	主体
体育课	每周1节（学习练习项目）	全体学生
全员运动会	每学期1次（比赛与检验项目）	全体学生

（3）课程实施路径

①项目新颖，趣味多多。

民乐小学开设多项新颖的全员运动会比赛项目及各种增强体质的趣味锻炼

方法。通过一至六年级每周1节的特色体育课程，做到"天天有主题，课课有内容"，结合每个学期的全校人人运动员、全员运动会等比赛，每个学年度的"大课间展示考核"等形式，做到全员参与，渗透到常态化体育课程中去。

②以《全员运动会》渗透常态化体育课程。

我们在全员运动会的创新与转化的基础上开发特色体育课程，创编特色游戏："投包入筐""旋风跑""寻找足迹""50米名次跑""毛毛虫""穿山越岭开火车""冲过封锁线""推大球""夺冠高手""三向大拔河""40×100米大接力"等项目，具有良好的锻炼效果和深远的教育意义。

（4）课程实施效果及评价

①仪式感教育。

全员运动会的深刻价值是通过体育的教育来体现的。全员运动会极具礼仪和文化内涵，从"入场门"和"退场门"的设计到打破年级界线的"纵向分组"，从同学们进退场的"动如脱兔"到此消彼长的"比赛分数"的实时展示，从伴随着整个比赛的音乐设计到近似严苛的比赛执法与"罚分的宣布"，都具有深刻的教育意义和精神感召力。

②体育精神教育

在全员运动会中教育是坚持原则的，所有活动的设计都具有强烈的教育性和正能量引导性，所有奖惩手段都贯穿着"遵守规则、团结友爱、不怕苦、不怕累"的教育意义，全员运动会无时无刻不秉承着全国学校体育联盟（教学改革）的口号：文明精神、野蛮体魄、静若处子、动如脱兔，内外兼修、文武双全，独善其身、兼济天下。

5. 艺术校本课程——《飞鸿少年学书法》

（1）开发《飞鸿少年学书法》课程的目的和意义

书法是中华民族的传统文化，能培养学生良好的书写习惯和对文字的审美能力。热爱祖国文字，养成良好的写字习惯，具备熟练的写字技能，并有初步的书法欣赏能力，这是每个学生应有的基本素养，也是基础教育课程必有的目标之一。

学校以"人人掌握一手好字、好文章"为目标，以国家课程为基础，根据各年级语文教材自主编写了《飞鸿少年学书法》课程，并与吴一帆"快乐习字软件"相结合进行统合和运用，让每个学生都能掌握一手好字、好文章，在课程与特色活动的实践中根植中华传统文化根脉，扎实开展书法教育活动，促进学生养成良好的书写习惯和对文字的审美能力的发展，为学生的终身发展奠定良好的基础。

（2）课程实施情况

表4-10 《飞鸿少年学书法》课程的开展形式

开展形式	课时设置	主体
书法课	每周1节课	全体学生
静心练笔	每天15分钟	全校学生
兰亭书法苑	星期二至星期五15：50—17：00	兰亭书法苑学生

表4-11 《飞鸿少年学书法》课程部分内容

基本笔画篇	—
识字篇	金、木、水、火、土
	口、耳、目
	日、月、水、火
	对韵歌
书法课堂篇	汉语拼音
	语文园地
	课文
	作品欣赏、自我展示
	语文园地
	书法家故事

① 深化书法课堂教学，让每一个学生都能掌握一手好字。

学校一至六年级推行书法进课堂活动，基于《飞鸿少年学书法》课程，课堂上教师先讲解书写技法，教师示范，然后让学生练习，教师指导和点评。同时，开展"每天一练笔、每周一展示、每单元一检测、每月一评比、每学期一竞赛"等活动，扎实开展"认认真真写字，堂堂正正做人"的写字教育活动，多渠道构建多元成长平台，使不同的学生能够找到各自的成长通道。

②打造多维度学生实践途径（社团）。

学校兰亭书法苑根据学生的年龄特点，分为高、中、低年段对学生进行辅导。每周二至周五下午15：50—17：00是雷打不动的社团学习时间，兰亭书法苑的教师根据不同年级的《飞鸿少年学书法》教材内容对不同年级的学生进行辅导，正是这份坚持与付出，多年来辅导学生参加各级各类比赛，并取得了优异的成绩，学生在比赛中获得了成长。

3.课程效果呈现及评价

（1）拟标准。学校根据实际情况拟定"一手好字"评价标准，把写字评价纳入单元检测中进行考查，语文、数学、英语、科学的单元测试及中段考、模拟考均设5分书写分，计算在试卷总分之内。

（2）促发展。学校成立校级书法课程研发中心，进行全盘布局，重点统筹学科和评价整体推进。在实践中不断更新迭代，整合深化《飞鸿少年学书法》课程，促进飞鸿少年学书法项目的发展和内涵的提高。

（3）破"壁垒"。通过引进校外辅导员机制，整合资源，结合吴一帆"快乐习字软件"进行教学，聘请书法专家对《飞鸿少年学书法》课程进行深化完善，探索与高校、机构合作的路径，在原有的基础上进行创造性转化与创新性发展。

6.艺术校本课程——《小飞鸿学乐器》

（1）课程的目的和意义

《小学音乐课程标准》明确指出：器乐教学对于学生学习音乐的兴趣，提高对音乐的理解、表达和创造力有着十分重要的作用。音乐教学不仅是应试教育转向素质教育的一道桥梁，更多的是学生对艺术的理解与熏陶。民乐小学把乐器引进课堂，让每个年级的学生学习一种不同的乐器，让音乐教学生活化，让学生人人掌握一种乐器，发现身边的美好事物，感受身边的美和创造生活的美。学习乐器让学生在享受美妙旋律的同时，能沉下心来，更专注、严谨地对待每一件事情。在不断的练习中，养成脚踏实地、坚忍不拔的品格。我们希望学生通过演奏乐器，可以丰富课余生活，排解郁闷，感受身边的美和创造生活的美。

学习一门乐器不是学一个特长，而是一种心灵的陪伴、性格的磨练和美的养成。

（2）课程内容设置

《小飞鸿学乐器》充分考虑到不同年龄阶段的学生心理、生理特点和发展规律，搭配不同的乐器和乐理课程，形成乐器专项课，每个年级不同乐器的课程内容从基础到进阶弹唱，设置的课时和内容循序渐进地过渡，划分成初、中、高级阶段，各阶段的要求和培养目标也有一定差异，具体内容如下：

初年级阶段要求：介绍年级需要学习的乐器性能、类别，了解乐器的起源及特色，并初步了解与乐器相关的乐理知识。

此阶段要求达到的成果：培养学生的艺术修养、思想情操、意志品质。

中年级阶段要求：学生掌握初级的演奏方法，自然地运用技巧进行乐器使用，能演奏一两首曲子。其中对所学乐器的了解继续深入，熟悉两首世界名曲。

此阶段要求达到的成果：能在民乐小学大舞台上进行展示，虽然乐器类型和曲目比较简单，但是学习乐器的良好风气要初步形成。

高年级阶段的计划与要求：在中年级阶段的原有基础上，对学生进行发掘，以提升学生的演奏能力，并对学生进行合奏、多声部演奏训练等。

此阶段要求达到的成果：以表演的形式进行年级中班级与班级之间的音乐会展示，同时利用学校社团活动，例如，与乐器社团进行合奏排练，或者与合唱队进行伴奏，大大增强整个活动的形式多样性。

表4-12 《小飞鸿学乐器》课程内容

一年级神奇的乐器：卡林巴	基础知识	四年级小钢琴：口风琴	口风琴的基本知识
	如何看谱		演奏技巧
	节奏训练		基础练习
	弹唱		演奏曲目
二年级留声机：陶笛	陶笛简介	五年级自由欢快：口琴	口琴概况
	吹奏基本知识		口琴乐理知识
	演奏基础		单音吹奏法
	实践曲目		常用基本技巧入门练习
三年级少数民族乐器：葫芦丝	葫芦丝知识	六年级度假小能手：尤克里里	关于尤克里里
	基本技巧		基础乐理
	演奏方法		伴奏学习
	练习、演奏曲目		弹唱曲目

表4-13 《小飞鸿学乐器》课程开展的形式

开展形式	课时设置	主体
音乐课	每节音乐课中的前15分钟	全体学生
社团活动	每周二至周五下午（比赛与表演项目）	社团学生

（3）课程实施路径

① 乐器融入常态化音乐课程

民乐小学在传统音乐课上开展乐器"课前十五分钟"活动，每一节音乐课都用15分钟学习乐器，同时，通过每天中午的《歌唱吧，少年》栏目，结合每个学期开展的全校"小飞鸿大舞台"等比赛，以及每个学年的"班级风采展"等形式，做到"乐器走进课堂，音乐融入生活"，扎实开展常态化乐器课程。

表4-14 每个年级学习的乐器练习曲

年级	歌曲名字
一年级	《粉刷匠》
二年级	《玛丽有只小羊羔》
三年级	《洋娃娃与小熊跳舞》
四年级	《欢乐颂》
五年级	《送别》
六年级	《友谊地久天长》

② 社团音乐展示

社团基于共同的兴趣爱好，以尊重个性、张扬个性、提倡个性、发展个性为中心，围绕"让艺术走进校园，走进班级，走进生活，走进每一个学生"的活动，利用课余实践打造丰富的校园音乐文化环境。其中"月月悦"为每一个月第一周的国旗下的课程开始之前每个年级轮流进行乐器的展示，实现自我教育、自我管理、自我服务的教育目标，为广大学生提供展示自我的空间和舞台，创建和谐的校园音乐氛围。

③ "年年奏"展示

为了给予学生更多地展示平台，每个学期的第16周进行一个全校的"年年奏"展示，开展"人人艺术家·乐器声声响"活动，各年级演奏不同的曲目，最后进行全校大合奏，让乐器成为滋养学生心灵的那一缕阳光。

（4）课程效果及评价

①增强学生艺术修养，发展学生个性

以班级为主体的"小飞鸿大舞台"活动是以常规音乐课程的有效落实为基础，在促进学生对艺术的个性化理解、乐器技能提升的同时，通过每学期的周五的活动，创设平台，让学生通过个人展示、团队展示、PK赛等形式，为爱好音乐的学生创设一个良好的学习环境，使学生的音乐特长得到更好的发展，提高学生的欣赏水平及创造能力，发挥学生的天性，发展学生的个性，学生在这样的活动中也不断地突破自己，获得满足感和自豪感，提升自身的能力。

②感受民族文化，实现特色教育

《小飞鸿学乐器》是一门极具创造性和拓展性的艺术课程，它是在传统乐器乐理知识的基础上，加入当地岭南文化成分，把器乐教学和本土民歌、民舞等教学内容相结合，让单一简单的演奏形式变得更有趣味性和吸引力。同时，通过不同表演形式，以学生喜爱的乐器合奏为主，鼓励学生从实际条件和生活经验出发去感受音乐带来的愉悦。

第五章 体育与艺术校本课程开发的实践

　　课程开发的实践路径是遵循由科学理论指导实践的逻辑思维的，办学理念是学校发展的指引方向，具体到学校内涵的发展体系，是指学校发展的价值追求和价值取向，相关课程的实施落在具体课程目标上，以三级课程目标为标准，分级划分、层层落实。具体课程实施包括国家基础课程、拓展性课程、融合性主题课程、社团课程和综合性活动课程等内容；同时通过一日特色常规课、四大文化节、九大社团群等形式构建多元评价主体，采用定量和定性相结合的方法达到评价的标准。

一、发掘课程内涵理念

　　办学理念是学校发展的精神之魂，是学校发展的核心文化基础与动力。办学理念是基于对教育规律和时代特征的认识和总结所凝结而成的，是办学特色、校园文化、课程体系和管理制度的基础和源泉。飞鸿教育的根本办学理念"飞鸿教育，育人成人"的着眼点是人的发展，该鲜明的办学理念构成了学校特色发展的理论基础。飞鸿教育在这一思想的指导下，充分发挥学校的资源优势，认清学校特色发展的方向。民乐小学的体育与艺术课程的开发正是对"育人成人"这一办学理念的认识和思考，它立足于课程设置，将地方特色和特色办学发挥到最大化。

（一）校本课程开发以立德树人为根本任务

　　党的十八大以来，以习近平总书记为核心的党中央要求全面贯彻党的教育方针，坚持教育为社会主义现代化建设服务、为人民服务，把立德树人作为教育的根本任务，培养德、智、体、美全面发展的社会主义建设者和接班人。"德者业之本，业者德之著"，学生的人格塑造是教育的重中之重，民小德育处充分发挥德育的主阵地作用，以学生自身发展、全面发展为终极目标，着眼整体，注重个性，以活动为载体，在常规管理中创新工作思路，开展多形式的系列主题教育活动，构建特色德育活动。学校以弘扬"飞鸿精神"为主题，开展丰富多彩的德育活动、少先队活动、综合实践活动、专题活动等，并通过构建系列校本课程，使学生养成良好的行为习惯，树立远大理想，立志成为对国家有用的人才。

（二）校本课程开发以素质教育为方向

基础教育是实现中华民族伟大复兴中国梦的奠基工程，对提高我国基础教育素质、培养符合时代发展的人才，对社会主义现代化建设起到全局性、基础性和先导性作用。它也是世界各国面向21世纪的教育改革中的重要命题。随着时代的发展，国家对教育的要求、精神文化建设日益受到重视。人文精神是一个人在长期的生活与实践过程中所体现出来的精神风貌和优良品格，是激励一个人奋发向上、推动一个人自主发展的内在精神动力。各地通过深入挖掘与凝练本地优秀的人文精神，以基础教育为突破口，找到实施传统人文精神的联结点与落脚点，将人文精神植根于学生内心深处，成为学生在学习、生活过程中的精神航标。

飞鸿教育是着眼于受教育者及社会长远发展的要求，以面向全体学生、全面提高学生的基本素质为宗旨，以注重培养受教育者的态度、能力，促进他们在德、智、体、美等方面发展为基本特征的教育。

（三）校本课程开发以人的全面发展为根本立足点

飞鸿教育让每个学生都参与进来，让每个学生都能认识到自己成长的力量。从个性发展的过程上看，智能与其他个性心理一样，也是通过心理过程和心理状态逐渐形成和发展的。当一个人经常处于快乐情绪的状态下，会不断发挥自己智能操作的潜力，使感知、记忆、思维等认知过程优化，进而由量变到质变，促进智能水平的逐级提高。我们在"快乐五步教学法"的基础上，优化升级"飞鸿课程"体系，通过落实《飞鸿少年四项修习》《国旗下课程》等全校必修课程，实现多维联动的课程体系为标志，推进课堂改革，深化基础类课程实施，促进学生以积极主动的态度、自主体验的方法获取知识、形成能力，使其自我潜能得以开发，培养其具备良好的思维广度与深度，逐步形成全面且具有可持续发展能力的

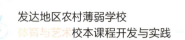

学生群体。

我们在遵循国家对现代教育发展的整体要求与方向上，把握现代教育的时代特征，在以"飞鸿教育，育人成人"办学理念为引领，构建立德树人背景下的学生主体性发展，在践行素质教育对人的内在素质发展与现代社会对学生人生发展的基本要求的同时，致力于通过教育实践让乡村的学生拥有像城市的学生一样的成长平台，让每一个乡村的学生都有出彩的机会。

二、培养目标

教育的终极目标是培养"全人"，我校"飞鸿教育"的核心就是健全人格的教育，目标就是培养"德艺双馨，文武相晖"的飞鸿少年。课程是一所学校的灵魂。当课程可以尊重学生的生命，回归学生的生活，回归真实的问题时，课程的光与热就会被点燃。在"飞鸿教育"办学理念的引领下，我校课程经过数次迭代，从广泛实践到专注精华的课程系统逐渐提炼出"小飞鸿·厚德""小飞鸿·乐艺""小飞鸿·崇文""小飞鸿·尚武"四大课程体系，将国家课程、地方课程、校本特色课程有机融合到飞鸿课程的内容体系中，并打破各自独立的育人目标板块，将"德、艺、文、武"四大板块进行相互连接、融合，架设起一条"共融·转化·发展"的纽带，实现德、智、体、美、劳"五育"并举、融合的目标，形成跨目标的落地课程，进一步增强了育人的系统性。

（一）培养全面发展的人

让每个学生都有一门好手艺，一项好爱好、一身好体魄。"小飞鸿尚武"课程以培养德艺双馨、文武相辉的新时代成人为目标，以基础型课程、拓展型课程、探究型课程为实施路径，以校本课程为抓手，以活动课程为平台达成人人拥有一项擅长体育项目、人人拥有一身好体魄的目标，并使学生在体育的锻炼、体魄锻造的过程中成为一个全面发展的人。

（二）培养正确的行为准则与价值观

一个简单的入学仪式，一块赋予梦想力量的鹅卵石，一个笑着笑着大家哭了的毕业典礼，一个让每一个学生至少都能够拿到一张奖状的成长礼，一个关于责任与担当的宣誓仪式，一个如同天安门国旗班的升旗仪式，一个给我一天当校长的午餐约定，一场"一个都不能少"的班级展示，一系列四季更替的小飞鸿主题文化节……这一次次教育实践探索与一个个有温度的故事，建立了乡村学生心中那个闪亮的灯塔，成为全校师生为之追求的行为准则与价值取向。

（三）实现学生的多元化发展

"小飞鸿·乐艺"课程涵盖了美育和劳动教育的内容，着重培养学生兴趣爱好，发展个性与特长，实现多元发展。学校在特色校本课程实施过程中注重培养学生认识美、鉴赏美、爱好美和创造美的"四美"能力，使学生在发展身体、增进健康、获得技能的同时，能够提升精神、心灵层面的能力，提升生命的品质，从而让每一个学生拥有文明高雅的品质，具有动手实践与创新意识，实现培养全面而有个性的发展型人才。

十几年来，几代民乐小学人上下求索，把优秀的传统文化融入学校办学实践中，通过顶层设计、课程模块、师生成长、校园文化等来构筑"飞鸿教育"体系，逐步改变乡村学生的精神面貌。它就像学生成长的空气、水分和阳光，为学生的未来奠定基础。我们把这种精神力量和梦想转化为浸润式的学校文化，渗透到学校所有的教育教学实践中，并将其内化为学生的一种人文素养和人文品格。

三、理念体系

（一）飞鸿精神的内涵

飞鸿精神：怀梦想、习智慧、持坚毅、行仁爱。"飞鸿"不仅代表着爱国爱民、奋发向上、敢为人先、自强不息的黄飞鸿本土人文精神，也代表着志向、团结、仁爱的鸿雁精神，这是民乐小学在长期发展过程中积淀而成的文化认同与文化自觉，概括起来就是"怀梦想、习智慧、持坚毅、行仁爱"的校园精神——飞鸿精神。"飞鸿"是民乐小学独特的精神符号与文化标识，也是民乐小学在长期发展与实践中形成的一种价值取向与追求。

（二）"飞鸿教育"的内涵

"飞鸿教育"是民乐小学在飞鸿精神的引领下，通过长期的理论研究与实践，探索出符合学生身心发展规律、适应时代发展的科学教育理念与育人模式。"飞鸿教育"是植根佛山传统文化的沃土，融合新时代素质教育发展需求，全方位建构健全人格的教育体系，以培养"德艺双馨，文武相晖"的飞鸿少年为核心的培养模式，这是民乐小学的办学追求与愿景。

（三）"飞鸿教育"的办学理念

通过16年特色教育的探索与积淀，民乐小学在新时期背景下提出了"飞鸿教育，育人成人"的办学理念。"飞鸿教育"是途径与方式方法，育人成人是目标与愿景。"飞鸿教育"的核心就是健全人格，即培养"德艺双馨，文武相晖"的飞鸿少年。"飞鸿教育"体系包括飞鸿文化、飞鸿课程、飞鸿之生、飞鸿之师四大体系，目的是营造一个绿色、健康的教育生态环境，即以飞鸿课程为土壤、飞鸿之师为阳光，以"多元平台"的发展为学生引来活水，而这一切无不浸润在如同空气一般自然的飞鸿文化之中。

《论语·宪问第十四》中子路问成人。孔子认为，具备完善人格的人应当富有智慧、克制、勇敢、多才多艺。孔子所说的成人正与我们学校的育人目标"德艺双馨，文武相晖"的理念相吻合，这是学校办学理念的核心和根本。

1.目标：

育人目标：培养"德艺双馨，文武相晖"的飞鸿少年。

厚德：培养学生良好的品格，具备家国情怀、国际视野、社会责任。

乐艺：培养学生认识美、鉴赏美、爱好美和创造美的"四美"能力。

崇文：培养学生善于学习、勤于反思，学会改变、能应用创新、会实践创造、解决问题的能力。

尚武：学生在发展身体、增进健康、获得技能的同时能够获得精神、心灵层面的成长，提升生命品质。

基础目标：

厚德：一生好习惯，一流好品格。

乐艺：一门好手艺，一项好乐趣。

崇文：一手好字好文章，一生阅读好思辨。

尚武：一项好体育，一身好体魄。

2.飞鸿精神：怀梦想、习智慧、持坚毅、行仁爱。

3. 一训三风：

校训：德艺双馨，文武相晖。

校风：敢为人先，自强不息。

教风：言传身教，育人至上。

学风：乐学善思，学而时习。

（四）文化标识

"飞鸿文化"标识是指学校在办学进程中积淀而形成共识的一种文化标识，即价值观念、办学思想、群体意识、行为规范等，它也是一所学校办学精神、地域文化与环境氛围的集中体现。"飞鸿文化"标识主要包括学校标识、校园主题景观两部分。

1. 学校标识

学校标识是"飞鸿文化"通过视觉传达的方式之一，以视觉作为沟通和表达的方式，通过设计来传达想法或信息。

（1）LOGO

作为学校文化标识及学校形象，民乐小学的LOGO通过文字与象形符号相结合的形式表达校园精神。标识中的人形图由佛山一代宗师黄飞鸿的标志性动作幻化而成，体现学校地域文化及校园精神。中间展开的"双臂"从W字符演化，代表育人目标"德艺双馨，文武相晖"中"文""武"的第一个拼音字母（图5-1）。

图5-1 民乐小学LOGO

学校LOGO演化过程（图5-2）：

图5-2　学校LOGO演化过程

在学校标识的设计过程中，我们还针对不同的活动或社团设计了一系列LOGO（图5-3、图5-4）。

图5-3　校园活动LOGO：全员运动会

图5-4　社团LOGO：小飞鸿国术团

（2）符号

符号是校园文化具象的表达形式，学校通过宣传海报、校报校刊、新媒体、日常用品等多种形式，全方位将校园精神植入学生的内心。为此，学校设计出多个不同的文化符号。

①飞鸿印（图5-5）。

以中国文化中印章的形式将"飞鸿"两字设计成具有文化代表性的符号，这既是文化的烙印，也是"小飞鸿"身份的象征。

图5-5　飞鸿印

②"飞鸿教育"字标（图5-6）。

"飞鸿教育，育人成人"作为学校的办学理念，承载了几代民乐小学人的智慧与教育理想，将其设计成具有代表性的符号，更具有传播性。

图5-6　飞鸿教育字标

③飞鸿精神字标（图5-7）。

飞鸿精神中提倡的"怀梦想、习智慧、持坚毅、行仁爱"，以不同形式呈现和表达出来，引导师生践行。将飞鸿精神设计成字标，运用到学校的各个平面设计中，不仅美观，而且具有标志性。

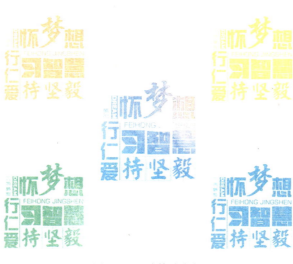

图5-7　飞鸿精神字标

④标准颜色（图5-8）。

色彩是引起我们共同审美的有表现力的形式要素之一，因为它的性质直接影响人们的感情。确定标准颜色，赋予每种颜色意义除了能更好地被识别以区分外，还希望能通过颜色对人的特殊影响为学生和教师赋予能量。

⑤标准字体

中文：

民乐小学

英文：

Minle Primary School

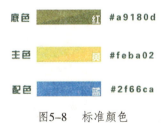

图5-8　标准颜色

⑥ 新校服徽标（图5-9）。

图5-9　新校服徽标

2. 讲有故事的教育，做有温度的校园

文化是一个学校的精神和灵魂，什么样的理念文化就会铸造什么样的学校。学校的和谐稳定发展离不开文化的支撑。文化育人是坚守美德和公平正义的精神力量，也是一个学校形成积极向上风气的思想资源。校园文化作为校园育人的平台，对于学生的成长起到潜移默化、润物无声的作用。如我校校门位置的《飞鸿赋》景观，以凝练的文字彰显"飞鸿教育"的内涵，激励民乐小学学生立大志、早奋发。又如"梦想胶囊"，一年级新生在梦想石上写下自己的梦想，六年级毕业前在另一块梦想砖上刻下"十年之约"的目标，这对于一个学生的成长具有深远意义啊！今天的懵懂少年，明天将变成国之栋梁！

（1）《飞鸿赋》景观

《飞鸿赋》景观位于学校正门位置（图5-10），该景观建于2015年底，主体是书卷造型，寓意校园有书卷、书香之气，书卷内则雕刻着《飞鸿赋》全文，概述了我校在培育学生方面的不懈努力及宏大愿景。书卷前方有竹简造型，上面刻有《论语·宪问》第十四篇中子路问成人的内容，凸显"飞鸿教育"的终极目标：育人成人！同时它也是民乐小学全体师生共同的教育愿景！

图5-10 《飞鸿赋》景观

（2）风雨飞鸿连廊

风雨飞鸿连廊建于启沅楼和飞鸿楼之间（图5-11），把两座教学楼连接起来，既是校园文化景观与宣传载体，又有为师生遮阳挡雨的作用。连廊的建设源于我校2011年创编的武术舞蹈节目《风雨飞鸿》，这个节目寓意民乐小学师生将不畏艰险、不怕风雨、勇于克服困难，在不断奋发中获取成长，最终会战胜所有艰难险阻，并达成目标。

图5-11 风雨飞鸿连廊

（3）腾飞路

腾飞路位于学校主校道（图5-12），以"腾飞"命名，寓意"飞鸿教育"腾飞之意，上刻"飞鸿精神"及"怀梦想、习智慧、持坚毅、行仁爱"等内容，学生每天上学、放学路经此处，脚踏这几组铿锵有力的词句，会让他们的步伐更加坚实有力量，心中更有志气。学生们人生的腾飞之路就从这里开始！

图5-12　腾飞路

（4）双馨园

双馨园（图5-13）是两个大花圃，分别位于校门及飞鸿馆前，寓意"德艺双馨，文武相晖"。校门位置花圃栽种两株高大挺拔的香樟树，一文一武，相得益彰。周边栽满花草，寓意莘莘学子茁壮成长。位于飞鸿馆前花圃栽满桂花，香气四溢，在桂花丛中几株粗壮的鱼尾葵相映，寓意德艺双馨。

图5-13　双馨园

（5）梦想胶囊

梦想胶囊位于风雨飞鸿连廊地面，储存于10个不锈钢方形槽中，上面盖上2厘米厚的强化玻璃（图5-14）。梦想胶囊里整整齐齐地摆放着一块块鹅卵石、一块块梦想砖，上面或写着文字，或刻着图案，这些都是学生的梦想。这些梦想胶囊成为风雨连廊地面的一道亮丽景观。我校有个仪式，就是一年级新生入学当天，学校会发给每一个学生一些富有意义的文具以及一颗鹅卵石，让学生在鹅卵石上写出自己的梦想，然后记录在梦想胶囊里，为学生播种6年的梦想，当他们六年级即将毕业离开母校时，学校会让学生把自己的人生理想目标写在一块梦想砖上，并与他们相约10年后再回母校，看看自己梦想是否实现，离当初立下的目标还有多远。这种记录理想目标的教育方式对于学生的成长起到一个非常大的激励作用，其意义深远。

图5-14　藏梦想胶囊的方槽

（6）小飞鸿领袖生营地

小飞鸿领袖生营地位于少先队队部室（图5-15），小飞鸿领袖生是我校班级及学生日常行为规范管理的一个重要团队，这个营地就是这个团队的活动中心，这里有较为完善的学校管理章程，每天午餐后，小飞鸿领袖生们就会在这里集会，总结早上值岗情况，反馈班级情况，以及部署下午及明天的工作安排。这个团队是我校开展日常班级检查和学生行为规范管理的管理组织。小飞鸿领袖生营地作为学校日常行为规范管理、检查及培养学生干部全面能力的平台，能够发挥学生干部的主观能动性，积极主动参与学校管理，提升他们的领导力及执行力，令学生终生受益。

图5-15　小飞鸿领袖生营地

（7）成长印记墙

成长印记墙位于校门附近，书法室旁，成长印记墙上张贴了学校各个科组、年级老师、后勤部门人员的集体照片，以及各个社团师生开展教学活动的照片（图5-16），班级集体照片是每年"飞鸿之班"创建之后拍摄的，是班集体凝聚力、共同成长的体现。年级组教师照片是每学期开学教师团建活动后拍摄的，体现团队协作、发奋向上的精神。照片中，每一个人都展现出发自内心的灿烂的笑容，体现了学校团结协作的教职工团队以及各社团"百花齐放，百家争鸣"的盛况。成长印记墙把每一位民乐小学人开心的模样都记录下来，随着时光的迁移，民乐小学特色教育的发展日新月异，这群为民乐小学发展贡献过自己智慧和力量的教师、职工、学生将被时间永久地记录下来，他们的笑脸将永远灿烂，时间会记住这些面孔。

图5-16 成长印记墙

（8）飞鸿馆

飞鸿馆于2012年落成并投入使用，是学校训练、集会、对外展示学校特色教育成果的一个场所（图5-17），馆内两侧建有两个荣誉柜，摆放着学校特色项目历年的奖杯、奖牌，墙壁上张贴着学校特色发展辉煌历史的照片，有三度上央视春晚及元宵节表演的照片，有教育部及各级领导与学校师生的合照，也有从学校毕业的杰出学生的照片等，这个场馆有三道大门，我们将其命名为：鸿鹄凌云门、崇文门、尚武门，三道门的命名也体现了学校的飞鸿教育及办学目标——德艺双馨，文武相晖。一年级新生入学时会在老师的引领下从崇文门进入飞鸿馆，寓意学习进步，六年级毕业则从正门鸿鹄凌云门走出，寓意鸿鹄展翅高飞，追逐人生远大理想。

图5-17 飞鸿馆

（9）梦想中心

梦想中心位于启沅楼一楼，是一个空间较大的场室（图5-18），这里用作梦想课程教学，同时也是南海区南狮大头佛非遗基地，这里既有厚重的本土传统文化的氛围，又融入了现代科技创新的元素，更是民乐小学特色教育发展的孵化器。我校非遗项目的创新发展、狮艺武术及体育与艺术创展的成果很多都出自这个梦想中心。特色发展处、飞鸿创客组的教师经常在这里研讨学校发展方向，研究特色项目的创新等。在历经十多年的特色研究探索后，我校在扎根本土传统文化的基础上不断创新，在原基础上不断融入新的东西，为学校特色向内涵发展提供源源不断的动力。在这里，"传统+科技+创新"标志着民乐小学学生接受传统文化精华熏陶的同时，也受到创新思维的教育，民乐小学学生的科技梦想也将从这里启航。

图5-18　梦想中心

（10）特色发展研究中心

特色发展研究中心位于操场侧边（图5-19）。下设飞鸿传媒中心、体育创新研发中心和飞鸿创客中心三大部门，除了负责日常教研创新外，特色发展中心的教师运用他们的智慧和才能，梳理学校特色文化，为学校顶层设计、文化建设、课程推进、师生成长等领域的发展提供方案并带头实践，逐渐成为推动学校发展的驱动力量，是我校特色教育的智囊之所。

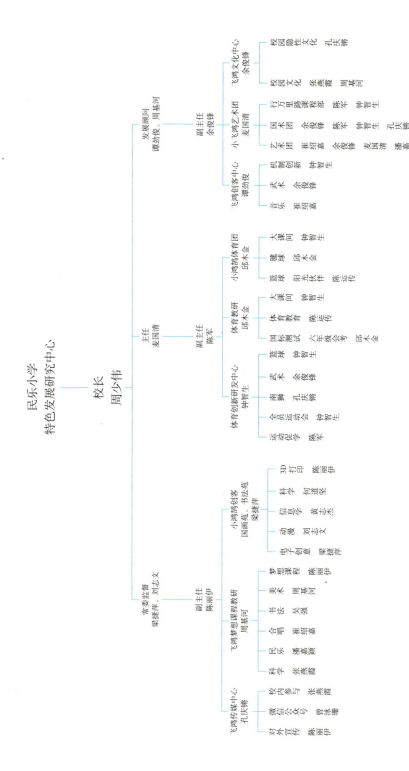

图5-19 特色发展研究中心架构图

（11）"攀登者"景观

"攀登者"景观位于飞鸿楼西面（图5-20），从二楼起至五楼的护栏安装不锈钢网，在各层护栏花圃种植爬山虎，把爬山虎藤引至网上。经过几年精心栽培，现在飞鸿楼西已成为一面绿色的墙。三年级位于飞鸿楼五楼，每到夏天，教室里非常炎热，即使通过增加风扇数量也未能降暑。后来，三年级一名教师提议在飞鸿楼西面阳台种植一面绿色墙，既可以遮挡夏天烈日，为师生带来阴凉，又可美化校园。由于种植了爬山虎，根据其向上生长特性景观被命名为"攀登者"。寓意为不屈不挠，勇于攀登！阐明了民乐小学学生具备百折不挠、英勇奋进、勇攀高峰的品格。

图5-20 "攀登者"景观

（12）萌芽墙

萌芽墙位于飞鸿馆侧，这是一堵五颜六色、生机勃勃的植物墙（图5-21）。这里栽种着近500株花草，这些花草是学生自己播种、自己养护管理的，是学生体验劳动实践、学习种植技能、促进身心健康、接受教育熏陶的地方。这个景观一年四季都是色彩缤纷的，充满了活力，充满了生机，在芳华未老之时，新一撮的生命又长出了嫩嫩的绿芽。故以"萌芽"命名。"萌芽墙"来源于一名学生的建议。"午餐约定"是我们学校的特色活动，每天午餐时段，学校中层及科级组长会到各班级进行陪餐并与学生聊天，每个年级主题各不一样。例如，给你当一天校长，你会做什么？给你一天当班主任，你会做什么？那天，周校长来到了302班陪餐，周校长问了大家一个问题"假如给你一天时间当校长，你会为校园做什么改变呢？"周丽梅同学向周校长提出了她对学校的一个建议：想让学校多一点绿色！她说是因为听了周校长在国旗下讲话时和全校师生分享清代作家袁枚的"苔花如米小，也学牡丹开。"后自己的感悟。她觉得要让学校多一点绿色，多一点生机。周校长非常重视丽梅同学的建议，还专门召集教师、学生商量这件事。最终，在师生们的支持下，我们的"萌芽墙"诞生了，"萌芽墙"寓意我校学生学习充满活力、睿智、勇于实践以及敢于追逐自己梦想的精神！

图5-21　萌芽墙

（13）彩虹跑道

彩虹跑道位于学校北门附近，风雨飞鸿连廊位置，以红、黄、蓝三色布置六条跑道，是学生大课间时运动的跑道（图5-22）。"不经风雨，难见彩虹"与风雨飞鸿含义相同，也寓意学生经历风雨，通过努力克服困难，最后获取成功。这个"彩虹跑道"的诞生也有一个非常有温度的故事，故事的主人公是201班的一位男生。有一次，周校长到201班上课，这个班上有一个很特别的学生，他是一个有轻度自闭症的学生，这个学生从一年级入校就几乎没有讲过一句完整的话，他生活在自己的世界里，完全与外界隔绝。为了解开这个学生的心结，让他活跃起来，那节课周校长尝试好几次跟他进行互动，但他仍旧像往常一样没有反应。而在一个环节需要用到彩色飞碟的时候，这个学生有了反应，周校长就尝试让他帮拿飞碟，男生和周校长的距离只有3米左右，而男生把飞碟递到周校长手上却用了整整3分钟的时间，难能可贵的是，全班学生都安静地在等待着他，当男生把飞碟交到周校长手里的时候，全班响起了热烈的掌声。学生告诉周校长，这个男生对颜色有特殊的反应，我们可不可以在学校设置一处有颜色的地方？

下课了，班上的学生指着一块水泥地告诉周校长："校长，我们可不可以在这里画一条彩虹跑道，让那个男生也能有开心的感觉！"就这样，我们选择了在风雨连廊靠近学校北门边的位置上规划了彩虹跑道。第二天早晨，那个男生看到崭新的彩虹跑道时，他开心地笑了。我们觉得这天早晨的阳光无比灿烂，因为这个学生看到彩虹跑道的时候笑了，我们也笑了。

图5-22　彩虹跑道

（14）悦读乐体中心

悦读乐体中心位于启沅楼一楼，悦读乐体中心既有阅读区，还有学校文创设计的陈列区（图5-23）。进入悦读乐体中心，首先看到的是学校从2004年至今代表每一个有故事或转折点的狮头，以及学校学生各种文创的狮头，这些狮头是我校特色发展历程的重要呈现。往里走是一个130多平方米的活动场所，学生既可以在这里上拓展活动课，又可以在这里开展一系列的体能锻炼游戏。与此同时，这里还有大量同学们喜欢阅读的书籍，学生在阅读课或者中午时段可以到悦读中心阅读，或在

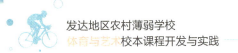

椅子上，或坐在草蒲团上，或靠在背垫上，或盘腿坐在地上……徜徉在知识的海洋中，悦读乐体中心成了学生流连忘返的地方之一。

图5-23　悦读乐体中心

（15）校史室

校史室建于2017年初，位于启沅楼一楼。当年，我校在南海区特色学校创建竞争性资金的竞争中荣获第一名，获得100万元特色学校创建资金，我校把其中的一部分资金用于校史室的建设。校史室占地面积约160平方米，馆内分前后两部分，装饰以传统岭南文化为主体，带有浓重的岭南文化及民乐小学飞鸿文化气息，前部分用于开展教研教学活动或会议，后部分是校史室。既是校史的展示，也是集各种教学教研活动于一身的多功能场室，我们的教师会议、各科组的教研活动、各类的讲座、全脑思维课等都在这个场室举行，充分发挥其教育的功能。同时，校史室展示了民乐小学建校至今的发展历程：从寻找黄飞鸿足迹的探索开始，2004年我校确立了以狮艺武术为特色办学，直至2020年学校特色发展的概况。这十多年里，民乐小学人始终不忘育人初心，以培育"德艺双馨，文武相晖"的飞鸿少年为目标，不断优化教育资源及教学环境，让乡村学生拥有与城市学生一样的成长平台，让每一个孩子都有出彩的机会。

图5-24　校史室

四、主要内容

在推进体育与艺术课程体系实施的过程中，民乐小学形成了飞鸿少年特色课程，通过国家基础课程、拓展性课程、融合性主题课程、社团课程和综合性活动课程进行实施（表5-1）。其中"乐艺"课程和"尚武"课程属于体育与艺术课程体系。

表5-1 民乐小学课程体系一览表

飞鸿少年课程体系

育人目标	国家课程		飞鸿少年特色课程			
	基础性课程	飞鸿少年拓展性课程	飞鸿少年融合性主题课程	飞鸿少年社团课程	飞鸿少年综合性活动课程	
厚德	思想品德 心理健康 综合实践	飞鸿少年·行仁爱 小飞鸿规则 飞鸿少年四项修习 国旗下课程	**梦想课程** 1. 我是谁? 《野孩子》 《我和你》 《不一样童话 不一样梦想》 《身边的大自然》 《家乡特产》 《梦想与团队》 《生命教育》 2. 我要去哪里? 《去远方》 《梦想音乐课》 《理财》 《计算机里的魔方师》 《玩转科学》 《爱绿小卫士》 《安全教育》 3. 我如何去? 《思维导图》 《信息与秘密》 《多元使用才能》	1. 小飞鸿狮艺团 南狮、狮艺、大头佛 2. 小飞鸿国术团 武术、武艺、舞蹈 3. 小飞鸿雁艺术团 民乐、合唱、小组唱 4. 小飞鸿篮球团 U8、U10、U12 5. 小飞鸿兄体育团 毽球、田径、乒乓球、羽毛球、 阳光伙伴 6. 小飞鸿创客团 创意电子、3D打印、 魔方机器人、积木搭建、 信息学、动漫、小发明 7. 兰亭书法苑 欧体、颜体、隶书 8. 水墨童真国画苑 陶艺、线描写生、国画 9. 小飞鸿文学苑 主持、写作、演讲	1. 文化节课程 (1) 厚德文化节: 飞鸿印章集集集·人人行仁爱 我的生活我做主·你我皆感恩 (2) 乐艺缤纷秀: 全员巧手节·人人艺术家 大城小匠·全员缤纷show (3) 崇文分享汇: 人人一手好文章创作 人人演说家,人人思辨手活动 (4) 尚武嘉年华: 全员运动会,人人运动员 2. 仪式和典礼 升旗仪式、宣誓仪式、 入学礼、成长礼、毕业礼 3. 主题教育课程 传统节日、国防、安全教育 4. 研学课程 毅行12千米、博物馆、科技馆, 佛山文化、粤港澳大湾区、带着 "飞鸿"去研学	
乐艺	音乐 美术 书法 科学 信息技术	飞鸿少年·怀梦想 小飞鸿学乐器 励志歌曲 陶艺、线描、国画 小飞鸿学书法 静心练笔 民乐大舞台 劳技课程				
崇文	语文 数学 英语	飞鸿少年·习智慧 自然拼读 全脑思维 科学实验 数学文化				
尚武	体育	飞鸿少年·持坚毅 岭南少儿狮艺 岭南少儿武艺 全员篮球联盟 大课间				

国家课程的基础性课程是校本化的学科课程，包括百首经典名曲、牧童笛、百幅经典名画、百部经典国学、百篇经典美文等，分别对应音乐、美术、体育、主题班会等基础课程，在落实国家课程的同时，利用每节课的课前3分钟进行学科文化的渗透、知识的拓展等。拓展课程包含励志歌曲、小飞鸿学器乐、陶艺、国画、书法等。该课程每周一节，每一环节从时长到内容再到训练方法都有标准化流程与规定的教学内容要求，便于教师安排课程任务，保证课程的效率和效果。融合性主题课程是我校引进上海真爱梦想公益基金会梦想课程的校本化课程，从"我是谁？我要去哪里？我如何去？"三个主题进行课程设置，从低年级到高年级，根据学生的实际设置不同内容。社团课则包括艺术类、体育类、科技类、综合实践类，学生根据兴趣自由选择。其中有小飞鸿国术团、小鸿雁艺术团、国画社团、书法社团、天码社团、键球社团等，每天下午的3：40—5：10是社团活动的时间。综合性活动课程是学校全年不同时段开展的活动课程。每年不同月份会开展"崇文、尚武、厚德、乐艺"四大主题文化节，"两仪式三典礼"、主题教育课程和研学课程，打破课程界限，每周一展示、每月一主题、每年一汇报，将飞鸿文化融入多样化的实践活动中，达到潜移默化的作用。

同时，学校在扎实推进教育部办公厅下发实施"体育与艺术 2+1"项目落实的基础上，结合学生发展需求发布《民乐小学"体育与艺术2+2+N"一体化课程实施行动指南》（图5-25）让每个学生在学习掌握"2"项体育运动技能和"2"项艺术专项的基础上，学校开设"N"个社团群，增加一项自主选择的体育与艺术特长社团专项课。

实行每周体育与艺术常规课，推行每天一节体育课，形成每天40分钟体育大课间，落实南狮武术、篮球全员学习。推行每周各2节书法国画与乐器课，落实每天午练静心练笔、暮韵器乐吹奏。拓展了九大体育与艺术学生社团群，包括26个体育与艺术学科的校本课程资源群。建立以体育与艺术活动建设与学校文化滋养的"榜样化"成长平台，举办四大文化节，让每一个学生都能够在展示与分享中彰显自信与魅力。在实践与探究中张扬个性、培养共性，形成健全人格。

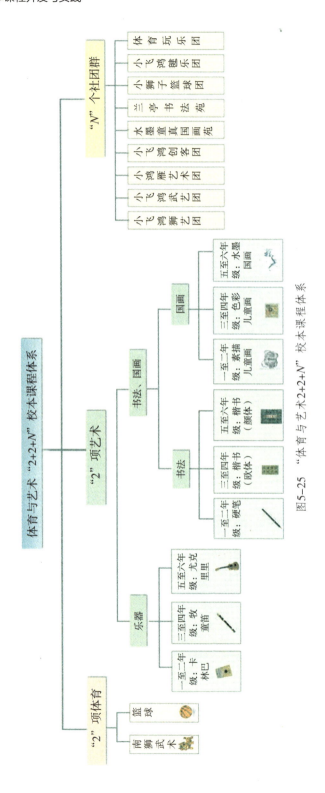

图5-25 "体育与艺术2+2+N"校本课程体系

五、运行机制

组织的管理和可持续发展都需要健全的运行机制作为保障。所谓运行机制，广义上是指组织之间和组织部分之间相互作用的过程和方式，它包括了内部运行机制和外部运行机制。这部分所讨论的运行机制主要是通过校本课程内部各要素实践之间，包括机构、组织和人员间相互发生的机制，即内部运行机制的探讨。

民乐小学在"德艺双馨，文武相晖"的办学理念下，创造性地将本土人文资源和学校体育与艺术课程相结合，形成独特的课程体系。办学理念占据思想领导高地，课程体系是实现系统价值的载体。同时依托于四大主要运行形式，让课程体系落地，最终通过课程评价检验课程的优势与存在的问题（图5-26、图5-27）。

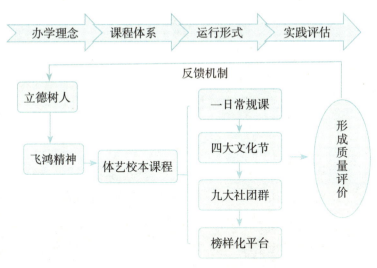

图5-26　课程运行机制体系

晨诵课程
阳光体育大课间
午心精心练笔

一日特色常规课

四大文化节 飞鸿精神 九大社团群

厚德文化节 小飞鸿国术团
崇文分享汇 小狮子篮球团
尚武嘉年华 小鸿雁艺术团
乐艺缤纷秀 水墨童真国画苑

多元化立体榜样化平台

国旗下的课程
三仪式两典礼
小飞鸿大舞蹈

图5-27 运行形式的内在机制体现

(一) 推行一日特色常规课

1. 晨诵课程

每天早上7:30—7:40（10分钟），晨诵内容按年级划分，除了诵读语文教材的内容外，老师还会选择适合学生年龄特点的课外诗文进行诵读，如低年级的还会选读《三字经》《弟子规》等，中年级选读经典诗词、《论语》，高年级则诵读小古文、散文诗。各班首先齐呼班呼——"诵读美文，经典永流传"，其次开展晨诵。每天轮流一名学生进行领读，随后学生们自由诵读或是听录音读。除此以外，将晨诵课程延伸至学生集队到不同场室上课的过程和放学集队。学生们排着整齐的队伍浅诵低吟，成为校园里的一道靓丽风景。

表5-2　三年级上学期诵读内容安排表

周次	内容	周次	内容
第一周	《山行》 《赠刘景文》	第九周	论语选读（六）
第二周	《夜书所见》 《望天门山》	第十周	论语选读（七）
第三周	《饮湖上初晴后》 《望洞庭》	第十一周	论语选读（八）
第四周	论语选读（一）	第十二周	论语选读（九）
第五周	论语选读（二）	第十三周	论语选读（十）
第六周	论语选读（三）	第十四周	论语选读（十一）
第七周	论语选读（四）	第十五周	论语选读（十二）
第八周	论语选读（五）	第十六周	论语选读（十三）

2. 阳光体育与艺术大课间课程

阳光体育与艺术大课间课程是我校的特色课程之一，每天早上8：30—9：00为大课间时间。阳光体育与艺术大课间课程形式多样、内容丰富，分为四个篇章：第一篇章是鸿雏练翅·阳光跑操（集队3分钟+跑操5分钟）；第二篇章是飞鸿展翅·男儿当自强（4分钟）；第三篇章是鸿鹄高飞·自主活动（15分钟）；第四篇章是整理运动·导引令柔（3分钟）。其中，第三篇章的鸿鹄高飞·自主活动的内容主要为篮球、跳绳和体能训练，一周安排见表5-3。

表5-3　阳光体育与艺术大课间课程内容安排表

星期	年级	大课间主要内容
星期一	一至六年级	1.升旗仪式；2.国旗下课程；3.励志歌曲
星期二	一至六年级	1.阳光跑操；2.篮球技能操；3.篮球放松操
星期三	一至六年级	1.阳光跑操；2.武术操；3.跳绳；4.导引令柔
星期四	一至六年级	1.阳光跑操；2.篮球技能操；3.篮球放松操
星期五	一至六年级	1.阳光跑操；2.体能（玩乐促学）；3.导引令柔

3. 午练——静心练笔

每天午练——静心练笔是结合《小飞鸿学书法》课程，每天中午12：25—12：40作为学生静心练笔时间，与此同时借助《胡一帆书法软件》指导学生写规范字，学习字的结构、书写笔画等，规范学生的握笔、坐姿等。练笔流程为：①班长先明确写字的内容，再让学生观看写字视频，认真观察汉字的字形结构；②班长提问：写这些字的时候要注意的地方，并请两名学生说说，然后学生做握笔操，最后进行写字练习；③每月第四周的星期四为全年级举办限定内容的静心练笔比赛。从书写过程的坐姿、握笔姿势等，到最后呈现出来的作品效果，进行个人及班级整体的评价，并进行常规检查与统计，对每个班学生的坐姿、执笔、书写三个方面进行评价。

午练——静心练笔还与我国的传统文化节日及德育主题活动融合起来，如新学年开展"静心练笔立志向"、元宵节开展"静心练笔送祝福"、国庆节开展"礼赞祖国之硬笔书法即席大赛"等，提升学生的书写素养。校园里的走廊、教师办公室等随处可见学生和老师的书法作品，营造了良好的书法氛围。

4. 每周"一曲"

每周"一曲"是每天中午13：40—13：50，学生午休后的唱歌环节。作为一所乡村小学，我们没有更多的资源让学生去学习一些昂贵的乐器，但我们可以尽所能去创设学生成长的平台。唱歌是成本最低又能培养学生音乐素养的方式之一。学生在这个时间段每周学习一首新歌。歌曲的选择一是来源于学生点播给老师或同学的，二是根据不同节日选择不同的歌曲，如教师节那一个星期就会学习关于教师的歌曲，父亲节就学习关于父亲的歌曲等。每月最后一个周五"每周一曲"时段会组织学生到学校各楼道中演唱一首歌曲。同时，每周国旗下课程（周一），也抽签班级（两个班级）在飞鸿馆的台阶上进行歌曲演唱。

5. 每日"一省"

每日"一省"课程分为两部分内容：一是值日老师每天会对学生一日常规的反馈，包括学生从进入校门开始一天的行为习惯、礼仪礼貌、作息、课间活动等反馈。值日老师会在第二天的中午13：50—14：00进行全校反馈。二是学生每周五中午13：50—14：00进行"小飞鸿争章暨小组合作"评价反馈活动，宣读各班本周的优秀小组名单以及有待进步的小组，并邀请一个班的一个小组进行小组总结。

6. "器乐声声响"

"器乐声声响"是学校开展器乐教学的延伸，是学生放学在校门口等候家长的活动。学生在等候家长过程中，可以站到旁边的圆形小舞台进行乐器演奏或是歌曲演唱，或独奏，或合奏。学生站上小舞台，首先进行自我介绍，进行演奏歌曲介绍后开始演奏。美妙的声音赶走了等待的烦闷，等候家长也成了一件有趣的事。

（二）举办四大文化节

学校以飞鸿精神统领教育教学工作。从课堂学习模式、校园布局到班级环境，让飞鸿精神的核心价值观渗透到学校的每一个角落。从早上开校门第一首歌《让世界因我而美丽》到大课间武术操《男儿当自强》，从中午起床后的《励志歌曲大家唱》到放学时的《阳光少年在成长》，民乐小学的学生在歌舞中使心灵越来越丰盈。每天大课间跑操，一分钟的极速跳绳使"飞鸿教育，育人成人"成为了师生坚定的信念。每节课"敬天爱人"的掌声，昂扬铿锵的班呼给每一个学生和教师滋养和成长的力量。中午的静心练笔，不分时段的闲暇阅读让文字成为学生心间最美的花朵。每周一的国旗下的《小飞鸿大讲堂》课程到每周五《小飞鸿大舞台》演出，学生在教师的协助、评价和引导下自编、自导、自演，从一年级的入学典礼上的宣誓，鸿雏徽章的佩戴到六年级毕业典礼的赋诗，更新了飞鸿教育四大文化主题节日，将"厚德文化节""崇文分享汇""尚武嘉年华""乐艺缤纷秀"四大节日分布在不同月份进行，贯穿整个学年，由级部自主组织，内容丰富多彩，学生人人自主参与。节日期间，师生参与，家校一道，学生载歌载舞，校园洋溢着幸福的喜悦。

表5-1 四大文化节月份内容

主题活动	目的意义	举办时间	主要项目
崇文分享汇	以"一手好字好文章，一生阅读好思辨"为培养目标，培育学生学习力、自主力、创造力，掌握适应自身成长的知识体系，学以致用，自主成长	3—4月	诗词大会、外语电影配音、专题读书讲座、阅读能力考级、校园读书生活、全校硬笔书法竞赛、"我与父母同读一本书"等活动
厚德文化节	以"一生好习惯，一流好品格"为培养目标，通过文化节的开展，让学生成为自信、自爱，自立、自强、品格优良、行之有范的人。让良好的习惯内化为道德观念，养成良好的品德素养，促进自我修炼、自我发展，形成健全人格	6月、9月、10月	人人有个好习惯技能竞赛、爱心义卖活动、义工活动、慈善捐赠、敬老院敬老活动、"厚德之星"评选、"厚德故事"展演等

续 表

主题活动	目的意义	举办时间	主要项目
尚武嘉年华	以体育竞赛为平台，让学生在自主的学习、团队的协作中不断增进对自我、对团队的认识与理解，学会认识自我、表达自我、领悟自我	6月、9月	飞鸿之班创建、跑操武术操比赛、趣味运动会、田径运动会、体育知识竞赛等
乐艺缤纷秀	培养学生兴趣爱好，发展学生个性与特长，实现多元发展的教育目标，提高学生认识美、鉴赏美、爱好美和创造美"四美"能力，让每一位学生拥有文明高雅的品质，具有动手实践与创新意识，实现全面而有个性的发展	6月、12月	励志歌曲大家唱、大师画我也画、大师写我也写、艺术作品展览、年级大舞台、班旗设计、科技小发明、小制作展览、百科知识竞赛等

1. 厚德文化节

为了满足学生全面且有个性发展的需要，厚德文化节以"一生好习惯，一流好品格"为培养目标，通过文化节的开展，让学生成为自信、自爱、自立、自强、品格优良、行之有范的人。让良好的习惯内化为道德观念，养成良好的品德素养，促进学生自我修炼、自我发展，形成健全人格，并产生较好的育人效果。"卓越小飞鸿"培育平台构建基本完善，该平台促使学生实现多元成长。活动项目包括：爱心义卖活动、义工活动、慈善捐赠、敬老院敬老活动、"厚德之星"评选、"厚德故事"展演等。

表3-3 厚德文化节的活动项目

层级	活动名称	举办时间	参与对象	活动项目
班级	寻找我心中的偶像	第一周	各班学生	演讲
	互助结对	第二周	各班学生	学习共同体
	争当学习小能手	每周	各班学生	班级评选
	小飞鸿成长活动	每周	各班学生	班级评选
	班级共同体结对	每学年处	结对年级学生	班级共同体互助联盟
级部	厚德故事演讲	3月份	年级学生	级部展示
	爱心义卖活动	9月份	年级学生	主题活动
校级	飞鸿之班创建活动	9月份	全体师生	展示活动
	人人有个好习惯	10月份	全体学生	主题活动
	人人有颗仁爱心	6月份	全体学生	主题活动

①班级做法：开展班级演讲、学习共同体、班级评选活动。

班级演讲：在班内寻找学习的榜样，学生撰写演讲稿，利用班会课时间进行演讲比赛。

学习共同体：开展班内小组结对，成立成长共同体，制订学习的奋斗目标。

班级评选：以"小飞鸿争章"活动为依托，每周进行评选活动。

②级部做法：开展班级共同体结对、厚德故事演讲、飞鸿之班创建活动。

班级共同体结对：开展雁阵行动，成立年级之间的成长共同体。

厚德故事演讲：在班级组织，开展"厚德故事大家讲"活动。

飞鸿之班创建：开学第三周，结合体育与艺术节进行班旗、呼号、队列以及队形展示。

③校级做法：开展人人有颗仁爱之心、人人拥有好习惯活动。

厚德活动之一——人人有颗仁爱之心：9月份进行各项的爱心活动及义卖活动。

厚德活动之二——人人拥有好习惯：10月下旬进行"我有一个好习惯"主题演讲及"我是生活小能手"比赛。

附件1：民乐小学厚德文化节之人人行仁爱活动方案

一、活动主题：厚德文化节·人人行仁爱

二、活动时间：9月下旬

三、活动地点：飞鸿馆、操场、民乐居委会、延陵村

四、组织单位：德育处

五、承办单位：各级部、音乐科组、美术科组

六、参与人员：全校师生

七、活动流程：

序号	时间	内容	负责人
1	13：40—13：50	全校师生搬凳子到飞鸿馆，按照红、黄、蓝、绿四个方阵就座	德育主任
2	13：50—14：15	1. "厚德教育·人人行仁爱"活动启动仪式 2. 雁阵行动：举行学长、学友结对仪式，在日后的学习中互相帮助，互相鼓励，发挥"小飞鸿"仁爱精神	德育主任

续 表

序号	时间	内容	负责人
3	14：15—15：50	一年级：护花使者我来当，为校园的绿植除草、浇水	级长
		二年级：体育用具我来护，对校园的体育器材进行清洁、维护	级长
		三年级：爱心剧场我来演，为民乐社区居民表演合唱、舞蹈（地点：民乐居委会）	级长
		四年级：慈善义卖我来卖，为民乐社区五保户老人义卖筹款，准备重阳节礼物（在操场做准备）	级长
		五年级和六年级：环保卫士我来做，为延陵村主干道清除垃圾	级长
4	16：00—16：30	全校参加义卖活动	德育主任
5	16：30—16：40	退场（各班组织排好队，回课室）	德育主任

前期筹备职责分工：

表5-7　职责分工表

序号	完成时间	内容	负责人
1	9月25日下班前	到民乐社区、延陵村委进行沟通，介绍本次活动方案，需要的场地和工作支持	德育主任
2	9月25日下班前	根据校内绿化面积划分一年级各班负责的区域和配班老师的安排	级长
		清点体育用具的种类和数量，分配各班负责的用具的种类和数量；配班老师的安排，并做好体育用具的清洁、维护的方法介绍	级长
		确定各班表演的节目和两个彩蛋的表演内容、节目清单、PPT、音乐。发活动意向书给家长阅读并签名。彩排，对学生进行礼仪礼貌培训，安排配班老师	级长 音乐老师
		发活动意向书给家长阅读并签名。确定每班摊位的量、摊位名称、定价标准、义卖筹款总数记录表以及配班老师	级长
		了解延陵村主要干道、地理情况，合理划分区域，分配给相应班级负责，对学生进行礼仪、外出安全知识培训，准备应急药箱，发放活动意向书给家长阅读并签名，安排配班老师	级长

序号	完成时间	内容	负责人
3	9月25日下班前	帐篷8个	体育老师
4	9月25日下班前	补给药品、包装绳、4个装款箱	后勤
5	9月26日下班前	活动横幅、彩旗	后勤
6	9月26日下班前	全体负责人员进行活动进程汇报会	德育主任

附件2：民乐小学厚德文化节之人人拥有好习惯活动方案

一、指导思想：以《小学生日常行为规范》和《中小学生守则》为准则，遵循学生身心发展的规律，为落实素质教育要求，培养学生良好的学习习惯，让学生会学习、主动学习，促进学生身体的健康成长，提高学习效率与质量。根据学校教学计划，结合我校实际，决定于十月份在全校开展学生人人拥有好习惯（高效课堂常规养成、日常生活常规养成、高效能人士的七个好习惯）"习惯养成月"活动。

二、活动主题：民乐小学厚德文化节之人人拥有好习惯

三、活动时间：10月下旬

四、活动地点：飞鸿馆、操场

五、组织单位：民乐小学德育组

六、参与人员：全校师生

七、活动流程：

表5-8 "人人拥有好习惯"活动流程

序号	时间	内容	地点	负责人
1	13：50—15：10	"我有一个好习惯"主题演讲比赛	飞鸿馆	冯妙蓉 语文科组
2	15：20—16：30	进行"我是生活小能手"比赛	飞鸿馆 操场	余俊锋
3	16：30—16：40	退场（各班组织排好队收拾回课室）		钟智生

八、筹备职责分工、推进：

1. "我有一个好习惯"主题演讲比赛

总决赛活动时间：10月下旬

总决赛活动地点：飞鸿馆

活动主题：我养成一个好习惯

参加对象：全校学生

活动步骤：

本次活动分为两个阶段

初赛阶段：各班级内部进行比赛。

决赛阶段：班级选出1名优秀学生在全校进行决赛。

评选办法：

比赛分为低年级组和高年级组。奖项设为一等奖、二等奖、优秀奖。

比赛实行现场评分。

2. "我是生活小能手"比赛

表5-9 比赛项目表

年级	项目	比赛地点
一年级	穿衣服、戴红领巾	操场
二年级	叠衣服、叠红领巾	操场
三年级	系鞋带、穿鞋子	操场
四年级	整理书包	操场
五年级	烹饪	飞鸿馆
六年级	烹饪	飞鸿馆

活动准备：

每班分成四个组进行比赛。

比赛物品准备：

"叠衣服、叠红领巾"项目：长袖校服、红领巾。

"穿衣服戴红领巾"项目：长袖校服、红领巾。

"系鞋带、穿鞋子"项目：有鞋带的运动鞋。

整理书包项目：整理书包。

烹饪项目：学校准备8台电磁炉、一个垃圾桶，基本调味品（油、盐、味精等）及其他所需材料由各参赛队自备。

活动主题：我是小能手。

参加对象：1—4年级全部学生，5、6年级每班选1个小组（4—6人）。

活动过程：

主持人宣读比赛的纪律要求。

比赛正式开始，宣读比赛规则及要求。

比赛要求：

① "叠衣服、叠红领巾"项目

上衣：双袖向后折，再对折一次，衣领向上。

裤子：裤缝对齐，再对折一次。

摆放顺序：衣服叠好后，裤子在下，上衣在上。叠得最快、最美观的获胜。

② "穿衣服、戴红领巾"项目

按顺序先穿好上衣、裤子，再穿好鞋子，最后系好红领巾。穿戴最快、最整齐的获胜。

③ "系鞋带，穿鞋子"项目

在规定时间内，系好鞋带，穿好鞋子，没有松落。穿得最快、最整齐的获胜。

④ 整理书包项目

把书包里的东西全部倒出来，再有条理地把东西放回去。整理得最快，最整齐的获胜。

⑤ 烹饪项目

上交有关该道菜肴的书面设计说明，要求"主题明确、富有创意、简明扼要"。参赛者现场烹制一道菜肴（限时20分钟之内）。由评委对选手现场操作比赛的配菜、烹制熟练程度、盛装、菜肴的形色香味、操作台及场地的清理5方面进行评分。

附件3：镜头（故事）

每个学年的九月份，学校德育部会进行"飞鸿之班"创建活动。展示内容为队形队列、呼号、跑操、班级造型展示。这时就是显现班级凝聚力的时候，学生在老师的带领下设计班旗，创编班级呼号，进行跑操训练和班级造型编排。这时候，体育老师就成了"抢手货"，班主任会找年级体育老师，让他们进行指导，跟学生一起设计队列造型，训练跑操，操场上时不时会响起洪亮的班级呼号，整个校园洋溢着积极向上的氛围。我们会看到这样一个场景，体育老师积极指导，班主任从旁组织，学生认真的操练，奔着一个目标，彼此相互激励。正式比赛

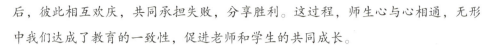

后，彼此相互欢庆，共同承担失败，分享胜利。这过程，师生心与心相通，无形中我们达成了教育的一致性，促进老师和学生的共同成长。

2. "乐艺缤纷秀"

"乐艺缤纷秀"是民乐小学四大主题文化节之一，内容丰富，形式多样，特色鲜明，旨在为学生打造更多不同的成长平台，发现每一个学生的闪光点，让光照进学生的心灵，成就学生未来更多的可能性。

"乐艺缤纷秀"形成了以班级、级部、校级三个层次的活动体系，通过搭建一个自下而上的全员参与模式，充分调动学生的参与积极性，让每个学生都有一门好手艺、一个好乐趣，培养学生认识美、鉴赏美、爱好美和创造美的"四美"能力，提高学生对真善美的追求，促进其个性化发展。

表5-10 "乐艺缤纷秀"主题文化节

层级	活动名称	举办时间	参与对象	主要项目
班级	才艺展示	两个星期一次	班级学生	百首中外经典名曲鉴赏、百幅中外经典名画鉴赏、百位书法家书法作品鉴赏、百个创意小发明欣赏、名家故事分享、个人才艺展示
级部	小飞鸿梦想舞台	每周星期五下午	级部学生	合唱、独唱、书画大赛、乐器比赛等
校级	人人艺术家·全员巧手节	下学期6月	全校学生	大师画我也画、大师写我也写、竖笛声声响拉歌、校园舞蹈、器乐演奏、K歌之王、书法美术作品展、3D打印笔绘画体验、魔方大赛、水果拼盘大赛、收纳整理小能手、手工制作、插花、陶泥制作、积木搭建、剪纸、"乐艺"之星评选、跳绳大赛、传球之王、运球之王、乒乓球赛、毽球比赛
	我show我精彩·"双创"平台	上学期12月	全校学生	班级科技故事展演、我是科技讲解人、3D建模设计及打印竞赛、家居设计比拼、无人机展演、3D打印笔绘画体验、AR/VR体验、科技车体验、机器人推魔方体验、科技小发明、小制作展览、百科知识竞赛、"乐艺"之星评选

附件4："乐艺缤纷秀"活动方案一：2020年民乐小学"人人艺术家·全员巧手节"活动方案

表5-11 "人人艺术家·全员巧手节"活动表

活动项目	具体内容	活动场地	负责人
7：40—9：30 小飞鸿入队仪式暨社团联合会新干部就职仪式	7：40集中飞鸿馆	飞鸿馆	大队辅导员
	7：50宣布活动开始	飞鸿馆	主持人
	7：50—8：20一年级入队仪式	飞鸿馆	大队辅导员
	8：20—9：20社团干部就职仪式：播放社团活动照片、干部自我介绍、现场宣誓。 1. 为干部颁发聘书，并带上属于他们的标志（袖章）。 2. 学生代表发言。 3. 主持人宣布"人人艺术家·全员巧手节"活动正式开始	飞鸿馆	大队辅导员
	9：20—9：30校长讲话；主持人宣布活动结束、全校学生退场	飞鸿馆	校长、主持人
9：40—11：30 人人艺术家	具体要求： 1. 5月24日前进行彩排（学生授旗、高年级学生授红领巾、宣读誓言）。 2. 5月24日前各社团负责老师推荐人员，社团人数30人以下申报2人，30人以上申报3人		
	魔方大赛（每班2—4人）	科学实验室	
	跳绳大赛（每班4—6人）	器乐室（503、504）	
	传球之王（每班2男1女）	飞鸿馆（靠近5年级教室）	
	运球之王（每班2男2女）	飞鸿馆（靠近5年级教室）	
	乒乓球赛（每班1男1女）	铿锵阁	
	毽球比赛（每班2男2女）	飞鸿馆（靠近合唱室）	
	大师画我也画（每班4—6人）	101、102、103	
	大师写我也写（每班3—5人）	201、202、203	
	立定跳远（每班3—6人）	飞鸿馆舞台	

活动项目	具体内容	活动场地	负责人
9：40—11：30 人人艺术家	记忆大师（每班2—4人）	校史馆	
	速算大师（每班2—4人）	501、502	
	K歌之王（每班1—3人）	合唱室	
	器乐演奏（每班1—2人）	音乐室	
	3D打印笔绘画体验（每班2—4人）	梦想中心	
	书法美术作品展	飞鸿馆	
	具体要求： 1. 学生做到人人参与，5月29日前完成报名工作，报名表（电子文档）交邱木金老师。（各班主任负责） 2. 场地布置5月29日下午放学前均由各仲裁安排组员进行布置，并排查场地安全。（注意主题和氛围）有需要材料请与后勤处谭主任联系。 3. 飞鸿能量卡（黄志杰老师负责）：红色为12分，黄色为10分，绿色为8分。各项目按照人数，一等奖红色占30%，二等奖黄色占30%，三等奖绿色占40%颁发相应的能量卡。由各班主任统计，级长计分后交给德育处 4. 每个学生带一本书集队。比赛后，学生留在原地观看比赛，待项目全部完毕，由项目负责的三位老师把学生带回飞鸿馆，交由班主任看管，学生安静看书等待，人齐后可以回课室。 5. 学校为每一项比赛配上儿童相机（请各项目检录长在5月29日中午12：15到孔庆锵老师处领取相机）		
2：00—4：30 全员巧手节	二年级手工制作、剪纸	飞鸿馆	级长
	三、四年级插花	飞鸿馆	级长
	五、六年级陶泥制作参赛人数	风雨连廊	级长
	一年级积木搭建	梦想中心	级长
	具体要求： 1. 5月28日前各班准备好活动的所有材料； 2. 5月29日中午各级长组织布置好比赛场地。 奖项设置： 1. 各年级参赛评出一、二、三等奖。 2. 此外，参赛团队评选"最佳合作奖"；年级部评选"文明守纪奖"和"精神风貌奖"		

附件5：乐艺缤纷秀活动方案二：我show我精彩·"双创"平台方案

面向全体学生，营造浓郁的才艺展示氛围，着力推动小飞鸿乐艺课程的落实，引导学生积极参与相关活动，引导学生发现美、鉴赏美、爱好美和创造美，增强学生创新意识，提高学生的创新思维，培养学生成为能动手、爱动脑、会动口的飞鸿少年。

表5-12　我show我精彩·"双创"平台活动流程

活动项目	具体内容	活动场地
7：40—11：30	7：40飞鸿馆集中 7：50宣布活动开始 7：50—8：00开幕式展演 8：00—8：20校长讲话 班级科技故事展演 我是科技讲解人	飞鸿馆
	具体要求： 学生做到人人参与，12月22日前完成报名工作，报名表（电子文档）交邱木金老师。（各班主任负责） 场地布置12月24日下午放学前均由各级长安排团队教师进行布置，并排查场地安全。（注意主题和氛围）有需要的材料请与后勤处谭主任联系。 飞鸿能量卡（黄志杰老师负责）：红色为12分，黄色为10分，绿色为8分。各项目按照人数，一等奖红色占30%，二等奖黄色占30%，三等奖绿色占40%，颁发相应的能量卡。由各班主任统计，级长计分后交给德育处	
时间	项目	地点
2：00—4：30	3D建模设计及打印竞赛（每班2—5人）	创客室
	家居设计比拼（每班2—4人）	飞鸿馆
	无人机展演（每班1—2人）	操场
	3D打印笔绘画体验（每班2—4人）	美术室
	AR/VR体验（每班2—4人）	电脑室
	科技车体验（每班2—4人）	操场
	机器人推魔方体验（每班2—4人）	风雨连廊
	百科知识竞赛（每班2—4人）	校史室
	科技小发明、小制作展览	风雨连廊
	积木搭建（每班2—4人）	梦想中心

续 表

时间	项目	地点
2：00—4：30	具体要求： 1. 各年级参赛评出一、二、三等奖及"乐艺之星"。 2. 此外，参赛团队评选"最佳合作奖"；年级部评选"文明守纪奖"和"精神风貌奖"	

附件6：镜头（故事）

"乐艺缤纷秀"的班级课堂是自由、开放的，它是共情、启发、赋能、自省的"土壤"，让学生在这片土壤根基的孕育支持下自主、自发、自然地成长，让学生大胆、自信且充满兴致地探索世界与未知。常规课堂上存在着部分学生不敢在课堂上发言，从不积极举手回答问题等现象，而"乐艺缤纷秀"的班级课堂打破常规，给所有学生一次重新认识自我的机会。

在上《我来露一手》这节课时，我让全班围成一个圆，采取自愿原则，可以单独一个人，也可以邀请一位小伙伴一起站在舞台中间完成自己的才艺表演。活动开始时，依然是平时课堂上积极举手的学生主动上台展示。有的学生唱歌，有的学生跳舞，有的学生练武术，有的学生舞狮，有的学生讲笑话，有的学生讲故事，还有的学生背古诗……慢慢地，学生由开始的拘谨到放开到享受，越来越多的学生参与进来，就连平时不怎么说话的学生也主动上台展示。这时，班上患有小儿麻痹症的只有右手能活动的小男孩举手了，我心里狂喜，马上请他上台展示。他小声地说："老师，我想给大家展示单手打篮球。"于是，我马上让学生到体育器材室拿了一个篮球过来。只见他单手拍球、运球，在运球时还能旋转球，引来了班上学生的阵阵喝彩和雷鸣般的掌声。看到他坚定、从容地拍打着篮球，那一瞬间我真的泪目了。

让每个学生都有出彩的机会，在活动中为学生提供展示自我、发现自我的平台，其意义巨大。

3. 尚武嘉年华

在民乐小学，不同学期、不同月份总有一项主题式的体育活动举办。你会看到这样的画面，"小飞鸿"们快乐地飞奔着，他们唱响了嘹亮的班级呼号，用速度与力量传达着美好的愿景，以自己特有的阳光、自信、坚强，让整个民乐小学的操场汇成了一片激情与梦想的海洋。

看那晶莹剔透的汗水，在激昂的飞奔中迎风飞扬，学生用欢呼、呐喊表达着他们特有的童真质感，生命在六一的缤纷活动中欢快徜徉。在跳绳吉尼斯大奖赛、欢乐障碍跑、4×50欢乐接力跑、班级拔河比赛中，学生奋力拼搏、挥汗如雨，酣畅其中。看，他们悦动的步伐、清脆的呼号、快乐的笑靥构成了一个个流动的乐章。彼此的关爱，让学生的心更加相亲相爱。一次击掌，成为一份情意；彼此的尊重，让学生的心间流淌着敬意。一个拥抱，洋溢一份暖意；彼此的理解，让学生的心灵充满坚毅。在这个缤纷的六一，学生用身体创造了快乐，在速度与力量的转换间，用精神凝结了他们在童真岁月中属于自己的美好，这就是我们的"小飞鸿"尚武嘉年华活动的生动写照。

民乐小学尚武嘉年华活动旨在活跃校园文体生活，为学生搭建展示自我、锻炼自我的平台，展示团队风采，增强集体凝聚力，展现校园精神与活力。从而，让学生能够在感受参与体育运动过程中所带来的各种乐趣、欢笑、成功、挫折等情绪体验的同时，践行"怀梦想、习智慧、持坚毅、行仁爱"的飞鸿精神所赋予他们的特别意义，构筑感恩、积极、阳光、快乐的人生信念，让学生在这个童彩缤纷的小学阶段，为自己、为集体送上一份份属于自己所创造的"飞鸿教育，育人成人"之礼。

尚武嘉年华是在常态体育课程、体育大课间、学生社团充分开展的基础上进行的，学校以"人人掌握一项运动技能"为目标，搭建班级、年级、校级三级校本化展示平台，形成以全员参与为样态的校园主题文化活动，形成良好的校园体育文化氛围与精神动力。

表5-13　民乐小学尚武嘉年华活动项目一览

层级	活动名称	举办时间	参与对象	主要项目
班级	体育缤纷秀	4月	班级学生	跳类：立定跳远、助跑跳远。 跳绳：30秒跳绳、1分钟跳绳。 篮球：15米绕杆运球、1分钟胸前传球、投篮。 小球：乒乓球颠球、羽毛球颠球、颠毽子球。 南狮、武术：套路演练

续 表

层级	活动名称	举办时间	参与对象	主要项目
年级	飞鸿之班创建	9月	年级学生	（1）跑操。 （2）三面转法。 （3）队形队列。 （4）班级团建
		9月	年级学生	南狮、武术：武术操、南狮操团体赛
		9月	年级学生	篮球赛：U8、U10、U12班际篮球赛
校级	人人运动员	6月	全校学生	跑类：50米、100米、200米、400米跑。 跳类：立定跳远、助跑跳远。 投类：投沙包、投垒球。 跳绳：30秒跳绳、1分钟跳绳。 篮球：15米绕杆运球、1分钟胸前传球、投篮。 小球：乒乓球颠球、羽毛球颠球、颠健子球。 南狮、武术：套路演练
	全员运动会	9月	全校学生	水平一：投包入筐、最长绳子、滚大球接力赛、安全标识竞技。 水平二：旋风跑、绳梯攻城、溺水救援、洪水来袭逃生。 水平三：旋风跑、灭火器接力、溺水救援、四绳拔河。 全校：集体托打大球。 年级配对：抬小猪接力
	12千米徒步	12月	全校学生	12千米徒步

（1）以班级为主体，以阳光体育大课间为平台，开展"阳光体育缤纷秀"活动

班级为主体的"阳光体育缤纷秀"活动是以常规体育课程的有效落实为基础，在促进学生体质健康、技能提升的同时，通过每天的阳光大课间活动，创设平台，让学生通过个人展示、团队展示、对抗赛等形式，发挥学生的天性，发展学生的个性，同时也是对教师教学成效的有力检验。

（2）以年级为主体，整合常态体育课程，开展"飞鸿之班创建"活动

以年级为主体的"飞鸿之班创建"活动，在整合常态体育课程的基础上，以

项目竞赛为平台，实现体育学科与德育之间的有效融合，促进体育学科教师与年级长、班主任、班科任之间的有效联动，为学生的全面成长形成"统一战线"，发挥自身优势，形成共同发展与成长的共同体。

通过以年级为主体的"飞鸿之班创建"主题体育活动，让教师、学生在如何训练、如何展示、如何比赛的过程中形成合力，共同承担失败、分享胜利。正是这样的过程，我们在学科与德育之间，无形中达成了教育的一致性，促进教师和学生的共同成长。

（3）以校级平台为主体，开展主题运动会

① 体现全员，实施"全员运动会"。

学校通过学习与实践"全国体育教育改革联盟"的前沿学校体育改革理念与路径，对标全国体育教育改革示范校，在每年9月，我们都以"有赛无类""教育为先""依托教学""趣味挑战""社会联动""仪式美感""行为养成"为理念实施"全员运动会"，着力打破以往运动会固有的"少数人在比赛，多数人在加油"的传统模式，做到全员参与，特色突出，为不同水平的孩子提供参与体育活动的机会。运动会以跑、跳、投、钻、爬等方式，充分考虑安全性与竞技性，使学生充分发挥身体技能。全校分红、黄、蓝、绿四组，跨班级、跨年级，大手拉小手，全校每一个师生以团队的形式充分参与每一个比赛内容与环节，推进全员参与。

② 彰显个性，推进"人人运动员"。

如果说，全员运动会是体现集体的力量的话，那么每年6月的"人人运动员"就是体现个人技术水平、展现个人运动天赋的个性化展现平台。我们围绕"一项好体育，一身好体魄"这一素养目标，进行了人人运动员的展示平台构建。

人人运动员的创设与开展，主要在常规体育课的有效教学与考核，大课间的持续推进，"体育缤纷秀""飞鸿之班创建""全员运动会"等活动全面开展而进行的过程性积累与提高下，学生根据自己熟悉的运动项目、运动特长与自身能级水平进行选择，选择二到三个项目进行个人比赛。我们以校园"吉尼斯纪录"的形式，鼓励学生勇于竞技，勇于竞争，突出个人优势与特长，展示个性，在自我的突破中实现成长。

③ 凝聚团队，开展12千米徒步。

民乐小学75%的学生来自外地，每年他们都随着父母像大雁一样，从北方飞到南方，从南方飞向北方，这个迁徙的过程也伴随着孩子们归属感、认同感的"潮起潮落"，他们心里或许会在问："到底哪里才是我人生的方舟呢？"在每年的12月，我们以全员12千米徒步的活动过程告诉学生们，民乐小学就是一片属于学生的方舟。因为大雁在飞行中，后面传来的是支持与鼓励的声音。

全员12千米徒步，是民乐小学雁阵行动的最生动实践，也是学生践行"怀梦想、习智慧、持坚毅、行仁爱"的飞鸿精神的最坚实载体，是我们体育与德育的最高效融合。在这个过程中，我们结伴同行，高低年级配对，大手拉小手，教师和学生在这12千米的路程中就像大雁迁徙一样，守望相助、艰难与共、相互鼓励，共同到达方舟的彼岸。

通过举办"尚武嘉年华"活动，我们希望"让乡村的孩子拥有像城市孩子一样的成长平台，让每一个孩子都有出彩的机会"，为乡村学校的孩子们打造阳光、自信、活泼的人生底色。

4. 崇文分享汇

"崇文分享汇"主题文化节是充分体现民乐小学校训中"文"的元素模块，于每学年下学期3—4月份举办。以"一手好字好文章·一生阅读好思辨"为培养目标，培育学生学习力、自主力、创造力，帮助学生建立适应自身成长的知识体系，使其学以致用，获得自主成长。

素养目标具体呈现如下：①"人能写字，字能写人"，我是中国人，理当写好中国字。我会自觉认真去练习，养成良好的书写习惯，能规范工整地写好方块字。②"用文字书写精彩"，我乐于写作，能用优美的文字，书写我精彩的学习和生活，记录我的成长过程。③多读书，学会思辨，能博览群书，学会思考和质疑，并形成自己独特的见解。

"崇文分享汇"既关注活动的整个过程，又侧重学生的收获感悟，培养自信、自主、团队合作发展的师生学习共同体，以让师生感受到活动的快乐，在童趣中获得知识，提高能力。

"崇文分享汇"是学科的融合，将学科文化大阅读融进学生学习生活，寓教于乐，让学生在快乐中学习，在学习中娱乐，在娱乐中启智，在启智中养德。

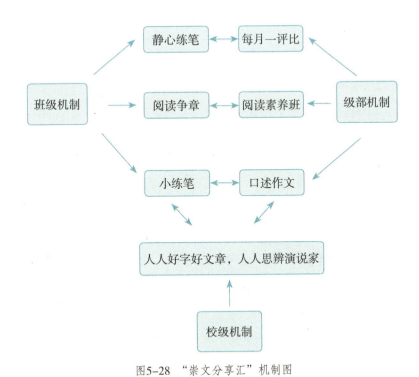

图5-28 "崇文分享汇"机制图

表5-14 "崇文分享汇"主题文化节活动规划表

层级	活动名称	举办时间	参与对象	活动项目
班级	每天静心练笔	每天	全体学生	爱上写字
	阅读争章	每周五班会课小结	全体学生	阅读吧
	小练笔	每周一练笔	全体学生	我手写我心
	课前一分钟演讲	术科课前进行	全体学生	我见我闻
	班级小辩论	每周一辩论	全体学生	知无不言(一吐为快)
级部	每月一评比	每月28日	全体学生	书写小标兵
	阅读素养班际赛	每月第四周阅读课	全体学生	阅读达人秀
	每月级部口述作文	持续整个月	全体学生	妙笔生花
	演讲与辩论	每月第四周班会课	全体学生	小小演说家

层级	活动名称	举办时间	参与对象	活动项目
校级	人人好字好文章	每学年3月份	全体学生	人人好字好文章大赛
	人人思辨演说家	每学年3月份	全体学生	人人思辨演说家大赛
	阅读素养大赛	每学年4月份	全体学生	阅读电视大赛
	辩论精英大赛	每学年4月份	精英学生	谁与争锋

（1）班级机制：每天静心练笔，阅读争章，小练笔、课前一分钟演讲和班级小辩论。

① 每天静心练笔：结合《小飞鸿学书法》课程，安排每天中午15分钟作为学生练字时间。课中借助《胡一帆书法软件》，师生、生生互评即兴作品，指导学生写规范字。

② 阅读争章：设定"小飞鸿阅读章"，主要结合攀登阅读课程开展，要求学生每周写一篇读书笔记，根据其在攀登平台中所获的成绩及读书笔记的呈现效果，争取"小飞鸿阅读章"。

③ 小练笔、课前一分钟演讲和班级小辩论为相互关联活动。其中，"小练笔"确定一月一主题，此主题为辩题，所有学生在此月份根据题目选取自己的观点进行小练笔，将作品在课前一分钟进行演讲。学生在不断地听取他人的观点陈述及事例论证后，不断更新修改自己的作品。根据表现选出本周最佳演讲者于每周五举行班级辩论赛，为级部辩论做准备。

（2）级部机制：每月一评比、阅读素养班际赛、每月级部口述作文、演讲与辩论。

① 每月一评比：固定在每月第四周的星期四为全年级限定内容的硬笔书法比赛。从书写过程的坐姿、握笔姿势等到最后呈现出来的作品效果，进行个人及班级整体的评价。

② 阅读素养班际赛：设定一月一本书的深度阅读目标，月末进行闭卷阅读测试，采用选择题、填空、连线、问答等方式考查学生本月的阅读收获。

③ 每月级部口述作文和"演讲与辩论"相结合，首先各班学生根据班内辩论情况及所得，修改自身演讲稿，然后根据相同观点为一队，跨班组建辩论队开展

比赛。

（3）校级机制：每学年3月份举行"人人好字好文章，人人思辨演说家"活动

① 月初，以低年级、中年级、高年级为不同的主题，学生准备两分钟的演讲稿，低年级主题以介绍自己为主，中年级内容开始围绕一个观点开展论述，高年级以辩论赛的方式撰写演讲稿。

② 月中，各班级开展班内演讲初赛，同时不断修改自己的稿件。

③ 月末，对学生演讲稿进行评比，各班根据班级竞赛的情况推选1名学生参加全校的演讲大赛。

④ 每学年4月举行"阅读素养大赛·精英辩论赛"。

阅读素养大赛：4月初，分为一、二、三年级组和四、五、六年级组两大组，每组同一班序为一个参赛队，如101班、201班、301班为一队，根据推荐的必读书目和选读书目的内容进行阅读素养初步检测，以闭卷答题为考查方式；根据考查结果，挑选各一人组成四支参赛队，进行同组别比赛，以现场笔头作答和口述表述相结合的方式进行。

精英辩论赛：根据级部辩论赛的表现，分别跨级组建两支队伍进行辩论竞赛，一二年级、三四年级、五六年级三大组，每组组建两队，每队包含两个年级的学生，不同的组别分别有不同的辩论题目。

附件1：活动方案

方案一："人人好字好文章·人人思辨演说家"大赛活动方案

一、指导思想

依据"飞鸿课堂"教学模式确定的崇文课程培养目标，民乐小学开展了"认认真真写字，堂堂正正做人"的写字教育活动，阅读争章、每月一主题练笔演讲活动。激发学生养成良好的书写习惯，能规范工整地写好方块字。同时引导学生乐于写作，博览群书，能书写精彩的学习和生活，会思考和质疑，并形成自己独特的见解。

二、赛事推进安排

1. 3月的第一周，以低年级、中年级、高年级为不同的主题，学生准备两分钟演讲稿的撰写，低年级主题以介绍自己为主，中年级内容开始围绕一个观点开

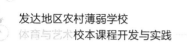

展论述,高年级以辩论赛的方式撰写演讲稿。(各班语文老师负责)

2. 3月的第二、三周,各班级进行班内演讲初赛,同时不断修改自己的稿件。各班根据班级竞赛的情况推选1名学生参加全校的演讲大赛。

3. 3月的第四周之星期四于中午静校时间(30分钟)举行"人人好字好文章"评比竞赛,评比内容为自己的演讲稿。根据每月一评比的要求,选出本学期的小小书法家,每年级8名。

4. 3月的第四周之星期五于全校班会时间举行"人人思辨演说家"总决赛。

三、"人人思辨演说家"比赛要求

比赛地点:飞鸿馆。

比赛人员:每班1名代表。

比赛形式:每人进行两分钟的分级主题演说。

演讲比赛评委

方案二:"阅读素养"大赛活动方案

一、指导思想

促进学生养成良好的阅读习惯,培养学生的阅读兴趣,检测学生阅读情况。

二、赛事推进安排

1. 4月初,各年级组长根据各语文老师提供的资料整理一份检测题,在4月的第一周阅读课举行全员参与的阅读素养大赛初赛,根据推荐的必读书目和选读书目的内容进行阅读素养的初步检测,以闭卷答题为考查方式。根据考查结果,每班选出一名代表准备参加全校组别大赛。

2. 4月的第三周之星期五的班会课,比赛地点为飞鸿馆。全校分为一、二、三年级组和四、五、六年级组两大组,每组同一班序为一个参赛队,如101班、201班、301班为一队,各班挑选各一人组成四支参赛队,进行同组别比赛,以现场笔头记录和口述表述相结合的方式进行。

三、比赛题型

比赛题型分为必读书目知识速问、现场快速阅读理解、选词编故事三种题型。

1. 必读书目知识速问

每队参赛选手轮流作答6道必答题,每队的三位参赛代表分别作答2道题,由主持人读出题目，每道题有20秒作答时间，答对得20分，答错不得分。

2. 现场快速阅读理解

每队参赛选手在五分钟内阅读一篇短文（要求低年级组200—400字，高年级组600—800字），三位参赛代表可以讨论，可在纸上简单记录答题要点。5分钟时间到停止讨论，开始口头作答，2分钟讲述完毕。由现场评委根据实际情况在10—30分内评分，取其平均分进行加分。

3. 选词编故事

参赛选手按抽签顺序在10个题组的题库中抽取一组选词编故事题，每题组有三个词语（人物、地点、事件），学生在1分钟内组词成文。现场评委对每支队伍的文章即时讨论给分，分别根据实际情况在10—30分内评分。各题组不重复。

四、"阅读素养"大赛题库准备的明细分工

1. 每个年级的四位语文老师分别负责在网上搜寻相应年级必读书目的相关练习题。

2. 低、高年级分别每人寻找一份200—400字、600—800字的课外阅读练习。

3. 各年级组长负责设计一份阅读大赛笔头检测卷，导师团成员负责设计决赛试题和PPT制作。

方案三：崇文主题文化节之"精英辩论大赛"活动方案

一、指导思想

"多读书，学会思辨"，是民乐小学崇文课程对学生的培养目标。希望通过课程的学习，让学生博览群书，学会思考和质疑并形成自己独特的见解；引导学生会倾听别人的意见，然后通过自己的思考，做出明确的判断和选择；教导学生把最有价值的内容融合，最终形成有见地的观点。

二、赛事推进安排

1. 4月的第一周，根据平时班级与级部辩论竞赛的情况，初步确定每班一名的参赛选手，此选手为非阅读素养大赛比赛选手。

2. 4月的第二周，根据级部辩论赛的表现，分别跨级组建两支辩论队伍，一二年级、三四年级、五六年级三大组，每组组建两队，其中，跨年级一班、二班的四名同学为正方，三班、四班的四名同学为反方。所有同学根据命题观点写

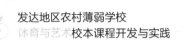
辩论稿，为各自队伍提供辩论依据。

3.4月的第三周，各队组织训练时间，第四周的星期五为比赛时间。

附件2：镜头（故事）

崇文分享汇定期开展班级评比、级部展示、学校竞赛等，对"一手好字好文章，一生阅读好思辨"的培养目标实施多元检测，既有任课老师的鼓励，也有巡查值日老师的激励表扬，同时也体现在日常学习开展的一系列活动中。

学生从崇文分享汇一系列活动中学到了真知识，在潜移默化中增添了一份自信与从容。如罗欣蕊、顾宇希和乔柏斯三名同学参加"能言善语·新时代"主持大赛均获一等奖，他们是第一次上台展示的，不仅故事环节语言流畅，从容淡定，现场抽题环节更是镇定自若，出口成文，充分展现了"民小飞鸿"的自信大方、博学向上的精神。后来，顾宇希同学和崔美琪同学参加翰林故事演绎比赛也获得一等奖，刚上三年级的顾宇希在面对拍摄镜头时一点也不紧张，像个身经百战的小戏骨，举手投足间真有电视主角范，惹得围观的群众纷纷竖起大拇指称赞。一位老爷爷问她怎么会那么厉害时，她回答道："是我们在学校参加了各种阅读、演讲和辩论赛等活动。"又如，外表文静柔弱的李嘉仪同学，在冯妙蓉老师的鼓励下积极参加班级、级部举办的活动，短短一个学期，这个小女孩脱胎换骨，课堂上大胆举手发言，课后积极参加各项竞赛。本学期，她经过层层筛选后代表学校参加区级小学语文读写大赛荣获一等奖。因为书写美观，文笔流畅，还被陈雪玲老师选为毕业前最后一任英语科代表。

"崇文分享汇"系列活动让孩子们兴味盎然地参与活动，让文字开出了花朵，让学生腹中拥有了诗书，手不释卷，妙笔生花。学生们学在其中，乐在其中，自信满满。

（三）开设"N"个体育与艺术社团群

为了让管理更加规范，教学更加有效率，各社团对常规工作系统梳理，使之按照正常的要求和程序进行运作，制定相应的制度规范，如"社团一日常规""社团师生职能分工"等，为学校的教育教学工作创造了良好的秩序。

社团是学校实施特色体育与艺术课程的重要载体，社团的具体实施如下所示：

表5-15　各社团概况一览表（2020年7月）

社团	学习项目	人数	展示平台
小飞鸿国术团	鸿雏队（武术）	40	1. 社团展示周； 2. 校内外各种交流展示和比赛
	鸿鹄队（武术）	40	
	飞鸿队（武术）	40	
	鸿狮队（狮艺）	40	
小鸿雁艺术团	合唱团	40	1. "小飞鸿大舞台"； 2. 社团展示周； 3. 六一少儿花会； 4. 其他校外交流活动
	器乐社	35	
小鸿鹄创客社团	3D打印、电子创意设计	40	1. 社团展示周活动； 2. 詹天佑杯比赛； 3. 其他各级比赛
	动漫社团	38	
	信息学社团	40	
	科学小发明社团	38	
水墨童真国画苑	国画、线描、陶艺	45	1. 社团展示周； 2. 各种交流活动； 3. 镇体育与艺术节展示比赛； 4. 其他各种比赛
兰亭书法苑	颜体	40	1. 社团展示周； 2. 各种交流活动； 3. 镇体育与艺术节展示比赛； 4. 其他各种比赛
	欧体	40	
	隶书	38	
健乐社团	毽球	40	1. 社团展示周活动； 2. 镇体育与艺术节； 3. 其他各种比赛
小狮子篮球社团	U8、U12	40	1. 每周校内对抗赛； 2. 与华蒙星队伍比赛； 3. 其他各种比赛
体育玩乐团	田径	35	1. 社团展示周活动； 2. 镇体育与艺术节； 3. 其他各种比赛
	阳光伙伴	45	
	感统	30	
	体能	40	
	玩乐促学	32	

表5-16　各社团一日常规设置

时间	项目	准则	执行人	监督主体	检测平台
7：15—7：25	晨训公区值日	7：30前准时回到课室	技术组长值日组长	特色发展科	晨训、会操公区、值日反馈
12：10—12：20	要事集合	12：25前准时回到课室静心练笔，以年级为单位，上楼队伍整齐、安静	辅导老师	各队伍	楼道上的快、静、齐
12：50—13：45	紧急排练任务	如无特殊情况，不进行集合；如有紧急任务或排练，需及时报告班主任	辅导老师	特色发展处	校外演出、展示
15：50—15：55	到达飞鸿馆	执行考勤制度	各梯队成员	各队伍	考勤
15：55—16：00	集合整队	做训练前的准备	梯队长	各队伍	
16：00—16：03	课前三分钟	分享	辅导老师	特色发展科	
16：05—17：25	常规训练	流程清晰、细节到位	辅导老师	特色发展科	一期一展示
17：25—17：30	课后总结	技术、管理、个人成长	辅导老师	特色发展科	主题演讲

1. 小飞鸿国术团

（1）简介

2004年，民乐小学依托本土人文精神、狮艺武术为突破口，成立小飞鸿国术团。历经十余年的发展，小飞鸿国术团现有学生120多名，年龄段全覆盖民乐小学一至六年级的学生。多次代表广东出访我国香港、澳门，弘扬佛山本土文化与人文精神，连接三地同胞情谊；央视播报18次，三度登上央视春晚这个全国极具影响力的艺术殿堂，让岭南传统文化传播至全国；2016年，国家教育部体育卫生与艺术教育司司长王登峰观看小飞鸿国术团的艺术会演后，被学生的自信、阳光所感动，亲笔题词"全面发展"。

（2）课程内容及课时安排（见表5-17）

表5-17　课程内容及课时安排表

队伍	学习内容	课时安排
鸿雏队（一年级）	武术基本功，队形、队列，长拳一路，长拳三路	训练时间： 星期一至星期五15：40—18：00
鸿鹄队（二年级）	武术基本功，武术腿法，初级南拳，双节棍	星期一至星期五 15：50—17：10：国术团常规训练 17：10—17：30：运动促学、梦想课程、作业辅导 星期六14：00—17：30：小飞鸿国术团校队训练
鸿狮队（三至六年级）	南狮基本功，南狮鼓乐，南狮套路学习	
飞鸿队（三至六年级）	武术基本功，集体基本功练习，舞台作品学习	

（3）课程计划表（见表5-18）

表5-18　课程计划表

武术技能内容	基本功	1. 柔韧：横叉、竖叉、下腰、手腕、脚腕。 2. 腿法：四种直摆性腿法组合、三种屈伸性腿法组合、两种扫转性腿法。 3. 步型组合：扑步穿掌、丁步冲拳、马步单鞭。 4. 基本腾空：飞脚接坐盘、侧空翻、腾空后摆、旋风脚摔，旋风脚劈叉。 5. 搂膝拗步、揽雀尾、蹬腿。 6. 前滚翻、侧摔、乌龙绞柱、后扫摔、后摆摔、个别突破抢背摔。 7. 刀、枪、剑、棍等器械基础
	套路（节目）	1.《不倒》《狮道》节目提升。 2. 自选长拳、南拳。（主抓动作规范、组合分段演练） 3. 24式太极拳。（主抓动作基础） 4. 规定枪术、规定棍术、规定南棍教学。（主要提升动作规格、运动路线） 5. 创编体育与艺术节入场式及特色节目
德育活动	课活动	1. 课前三分钟。 2. 课后总结
	月主题	1. 武术、人文课程。 2. 主题演讲（学生根据老师的主题课程、课前三分钟、课后资料搜集、整合，分享认识）

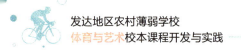

2. 小狮子篮球团

（1）简介

为了推动民乐小学特色项目全面发展，活跃校园篮球氛围，丰富学生课余生活，培养多维的优秀篮球人才。民乐小学与华蒙星多次交流与沟通，最终达成共识：决定组建一支与华蒙星密切且长期合作的小学生篮球队，成立红、蓝两支队伍，由华蒙星明星教练亲自执教，学校体育科组成立教研小组。红队和蓝队的出现，是为了增加篮球队的竞争力，同时也可以对抗训练，筛选出更优秀的球员代表学校参加篮球比赛。社团机制为每日一复盘，每周一检测，两周一对抗，每月一比赛，秉承"永不言弃"的团队精神，更好地发挥体育运动精神。

（2）课程内容及课时安排（见表5-19）

表5-19　课程内容及课时安排表

队伍	学习内容	课时安排
蓝队（一、二年级）	教孩子运、传、突、投、脚步移动等篮球基础专项技术性动作，3对3篮球实战演练、裁判规则与战术研讨	训练时间： 星期一至星期五15：40—17：00 每周六14：00—17：30 星期一至星期五
红队（一、二年级）		15：50—17：10：篮球队常规训练 17：10—17：30：裁判规则、战术讲解 星期六14：00—17：30：小狮子篮球团校队训练

（3）训练内容（见表5-20）

表5-20　训练内容表

训练周期	训练内容
日训练内容	一、动态拉伸+静态拉伸+边线折返（15—20分钟） 训练方法：动态拉伸每个动作1次，共10分钟；静态拉伸5分钟；边线折返5个来回。 1. 动态拉伸（10分钟） ①垫步抱臀；②垫步握踝；③弓步侧弯腰；④弓步侧平举；⑤爬虫伸展；⑥开合跳；⑦胯下击掌；⑧波比跳；⑨左右侧弓步；⑩摆臂高抬腿。 2. 静态拉伸（5分钟）。 3. 边线折返：5个来回。

训练周期	训练内容
日训练内容	①仰卧提臀膝后牵拉；②仰卧臀部牵拉；③卧交叉腰部转体；④弓步压腿；⑤坐姿腹股沟拉伸；⑥大腿前侧侧卧拉伸；⑦坐姿大腿后侧拉伸；⑧眼镜蛇俯卧腰部拉伸；⑨肩部抱肘拉伸；⑩颈部拉伸。 休息（5分钟）。 二、原地的球性训练（40分钟） 训练方法：每个动作50—100次，100次为最佳选择。 ①原地低运球（左右手）；②原地高运球（左右手）；③原地体前小幅度运球；④原地提前大幅度运球；⑤原地单手前体测前后运球（左、右手）；⑥原地单手提前左右运球（左、右手）；⑦原地单胯下运球（左、右胯下）；⑧原地连续胯下运球。 休息（5分钟）。 三、罚篮训练（30分钟） 训练方法：两人一组，在30分钟之内每人必须要投进30个球，交替捡球。 休息（5分钟）。 四、肌肉力量简单强化训练（15分钟） 训练方法：每个动作3组。 （1）持球平板支撑；（2）保加利亚深蹲；（3）双腿开立深蹲。 五、放松拉伸（5—15分钟）
周训练内容	1. 行进间单手（左、右）运球折返。 2. 行进间左、右手交替运球折返。 3. 接球（击地、胸前）跨步投篮。 4. 三步上篮。 5. 急停、急起运球。 6. 运球急停、后退运球两步、分退步突破。 7. 对角、平行、交叉跑位进攻。 8. 挡拆战术
月训练内容	1. 熟练掌握拉伸和放松的方法。 2. 熟练掌握灵敏性脚步的训练方法。 3. 熟练掌握原地以及行进间简单球性训练方法。 4. 熟练掌握进攻脚步以及防守脚步的训练方法。 5. 掌握空切，挡拆方法。 6. 提升学生投篮命中率，让同学们熟练掌握简单的肌肉力量的训练方法

3. 小师兄体育团

（1）简介

小师兄体育团是民乐小学球类运动的训练社团，由篮球社团和毽球社团整合而来。教师是课程实践者，是培养孩子技能和兴趣的引路人，为此，学校通过"引进来"和"走出去"的方式对相应的辅导老师进行培训学习，从而提高教师的专业水平。近几年，民乐小学的学生在镇上的篮球赛以及毽球赛中均取得好成绩。除此以外，小师兄体育团还会对学生阳光长跑、阳光伙伴、田径等项目进行训练，在激发学生兴趣的同时，多方面训练学生的竞技水平，培养了学生良好的竞争意识。

（2）课程内容及课时安排（见表5-21）

表5-21　课程内容及课时安排表

项目小组	学习内容	课时安排
篮球	1. 基本功学习。 2. 技巧学习	星期二至星期四15：50—17：00
毽球	1. 基本功学习。 2. 技巧学习	星期二至星期四15：50—17：00
阳光长跑	团队学习	9月、10月星期二至星期四15：50—17：00
阳光伙伴	团队学习	9月、10月星期二至星期四15：50—17：00
田径	1. 基本训练。 2. 体能训练	9月、10月星期二至星期四15：50—17：00

4. 小鸿鹄创客团

（1）简介

小鸿鹄创客团成立于2018年，是学校为进一步推动校园创客教育建设，增强学生科技创新意识、创新能力和实践能力，提高学生的创新思维而成立的社团。旨在培养学生成为能动手、爱动脑、会动口的新时代小创客。小鸿鹄创客团是在原有编程学习的天码社团、动漫社团以及科技社团的基础上，增加了积木搭建、3D打印设计、电子创意作品设计等学习项目。

小鸿鹄创客团的特色在于打破常规社团界限，开展项目式学习，以跨社团与学科整合的方式推进。基于社团活动开展与水墨童真国画苑、小飞鸿国术团（美术+南狮武术+信息技术+科学）等社团进行课题式学习，每学期围绕不同的课题组成相应的小组进行"开题—探究—设计—制作—智造—展示"的课题研究，初步形成了课题式学习的基本模型。如开展了"南狮"跨学科创客项目。

（2）课程内容及课时安排（见表5-22）

表5-22　课程内容及课时安排表

项目小组	学习内容	课时安排	学习对象
积木搭建	1.生活用品、交通工具搭建。 2.结合物理知识的积木搭建	星期二至星期四15：50—17：00	一、二年级学生
3D打印	1. 3D建模设计、切片、3D打印笔。 2.结合创意电子的3D设计	星期二至星期四15：50—17：00	三、四年级学生
创意电子	1. 机器人推魔方。 2.生活创意电子	星期二至星期四15：50—17：00	五、六年级学生
动漫学习	1.科幻画。 2.Flash动画	星期二至星期四15：50—17：00	社团学生
科技小发明	1.科学小实验。 2.科技小发明	星期二至星期四15：50—17：00	社团学生
信息学	GOC和C++编程学习	星期二至星期四15：50—17：00	社团学生

5. 小鸿雁艺术团

（1）简介

民乐小学小鸿雁艺术团进入第六年的磨炼期，合唱队从30人到现在80多人。2014年、2015年演唱原创作品《鸿鹄志远少年梦》《佛山大头佛》《我们向你敬礼》获南海区金、银奖。合唱团带着作品《鸿鹄志远少年梦》与我校小飞鸿国术团有机结合，在2015年参加中央电视台大年初一特别节目的录制。2016—2018年合唱与器乐的有机融合，成为艺术团的一大亮点。2018年原创《南狮》、改编的《茉莉花》以嘉宾形式在西樵镇中小学艺术展演中演出，《南狮》荣获南海区合唱专场银奖。本年度原创小组演唱《大头佛》在佛山市少儿艺术花会声乐类比赛中荣获金奖的第二名。2019—2020年度原创作品《那座山》在南海区西樵镇少儿艺术花会声乐类比赛中荣获金奖的第二名。

我们认为艺术是学生的"软着陆"。小鸿雁艺术团在民乐小学"飞鸿教育，育人成人"办学理念的指引下，充分挖掘本土优秀资源，创编系列本土原创歌曲，让本土优秀特色文化绽放光彩。

（2）课程内容及课时安排（见表5-23）

表5-23　课程内容及课时安排表

队伍	学习内容		课时安排
器乐队	乐器基本功，形体训练，乐理知识		训练时间： 星期一至星期五15：40—18：00 每星期六14：00—17：30 星期二至星期五15：50—17：10：小鸿雁艺术团常规训练 星期六14：00—17：30：小鸿雁艺术团校队训练
合唱队	声乐基本功，形体训练，乐理知识		
表演唱队	声乐基本功，形体训练，乐理知识		
技能内容	基本功		1. 舞台礼仪：歌唱时候的礼仪状态，舞台上弹奏乐器礼仪。 2. 乐理知识：四分音符、八分音符、十六分音符、全音符等基本音符。 3. 歌唱时的呼吸状态
	套路（节目）		1.《大头佛》《那座山》节目提升。 2. 自选乐器、声乐。（主抓基本功、个人表演） 3. 基本乐理知识。 4. 舞台礼仪与形体。 5. 创编体育与艺术节入场式及节目
德育活动	课活动		1. 课前三分钟。 2. 课后总结
	月主题		1. 人文课程。 2. 主题演讲（学生根据老师的主题课程、课前三分钟、课后资料搜集、整合，分享认识）

6. 水墨童真国画苑

（1）简介

为了彰显学生个性，丰富学生的校园文化生活，以传承历史悠久、博大精深的中华传统艺术文化，致力于培养学生对中国画的兴趣为基础，为爱好国画的学生创设良好的学习氛围，让学生在学习中增加国画知识，锻炼国画技能，提高学生的美术核心素养。民乐小学创意美术社团应运而生。水墨童真国画苑成立于2004年9月，目前成员50人，由一至六年级学生组成。活动内容主要有儿童国画、线描写生等课程，丰富学生课余生活，充分发展美术爱好，提升学生的观察能力和创新思维能力，提高学生的审美能力。本社团通过简练的笔墨技法，由浅入深，分步练习，不断积累绘画经验，提高学生的欣赏水平，进一步了解绘画的基本知识和笔墨书写技巧，使学生的美术特长得到更好的发展。走进美术社团，就走进了学生的艺术作品世界，这里到处是学生们的创意作品。

经过多年的探索和努力，水墨童真国画苑的工作成效显著，历届学生在社团的培养下取得了显著成绩。社团开展的各种活动不仅丰富了校园文化的内涵，激发和培养了学生的兴趣特长，同时还培养了学生的情操，让学生拥有了发现美、欣赏美、创造美的能力。

（2）课程内容和课时安排（见表5-24）

表5-24　课程内容和课时安排表

项目小组	学习内容	课时安排	学习对象
国画	1.国画的基本知识。 2.国画文化学习	星期二至星期四 15：50—17：00	一至六年级学生
线描	1.线描的基本知识。 2.线描文化学习	星期二至星期四 15：50—17：00	一至六年级学生
陶艺	1.陶艺的制作。 2.陶艺文化学习	星期五 15：50—17：00	一至六年级学生

7. 兰亭书法苑

（1）简介

兰亭书法苑成立于2006年，由初建时的十几名学生发展到现在的五十多名学生，由最初有一位辅导老师慢慢发展成为有三位辅导老师的团队。兰亭书法苑根据学生的年龄特点分为高、中、低年段的辅导，书法字体有欧体、颜体以及隶书。每星期二到星期五下午是社团活动时间，兰亭书法苑的老师们会对学生进行辅导，正是这份坚持与付出，多年来辅导学生参加各项比赛并取得优异的成绩。

兰亭书法苑在"德艺双馨，文武相晖"育人目标的引领下，开发了系列书法特色社团课程，以"人人掌握一项艺术特长，人人掌握一手好字好文章"为目标，以国家课程为基础，在课程与特色活动的实践中根植中华传统文化根脉，开展"认认真真写字，堂堂正正做人"的书法教育活动，帮助学生养成良好的书写习惯，提高对文字的审美能力，为孩子的终身发展奠定良好的基础。

（2）课程内容和课时安排（见表5-25）

表5-25　课程内容和课时安排表

项目小组	学习内容	课时安排	学习对象
欧体	1. 欧体的基本知识。 2. 书法文化学习	星期二至星期四 15：50—17：00	一至六年级学生
隶书	1. 隶书的基本知识。 2. 书法文化学习	星期二至星期四 15：50—17：00	一二年级学生
颜体	1. 颜体的基本知识。 2. 书法文化学习	星期二至星期四 15：50—17：00	一至三年级学生

（四）打造多元立体榜样化成长平台

我们在落实课程育人，发挥课堂教学在育人中的主渠道作用的同时，充分发挥活动育人的作用，为学生打造多元立体榜样化成长平台，促使学生实现多元成长。我们借助国旗下课程活动的平台，结合传统节日、重大节日、时事要闻以及社会、学校实际，通过PPT和视频播放形式开展活动，在活动中让学生将"飞鸿精神"内化于心，外化于行。我们利用节庆纪念日、仪式、典礼等教育活动开展形式多样、主题鲜明的教育活动，以鲜明正确的价值导向引导学生。打造小飞鸿大舞台、社团展示周等榜样化成长平台，多渠道、多方面让每个学生掌握一门好手艺，培养一项好兴趣，有利于学生的个性成长和多元发展，从而培养"德艺双馨，文武相晖"的飞鸿少年。

1. 国旗下课程陶冶情操

近年来，我国基础教育进入了前所未有的大变革时期。对教育者来说，校本课程的创生与开发是学校教育科研的实践重点，而创新则是课程变革的关键词。其实，创新不仅是从无到有，还可以推陈出新。从被动的应对到自觉的创新，我们学校的国旗下课程的开发就是一个范例。

长期以来，国旗下讲话一直是中小学德育的一项固定活动形式，活动形式和讲话内容也逐渐模式化。每周一早晨组织全校师生参加升国旗仪式，然后是例行的师生主题讲话——这就是我们常说的"国旗下讲话"。表面看，国旗下讲话内容全面丰富，涉及安全、品德、学习等各个方面，但如果深究，弊端就会凸显。同大多数学校一样，讲话主题集中，人员集中，但学生的思想并不集中。有的学生坐在那里虽能保持安静，却一脸茫然；有的甚至交头接耳，其教育效果可想而知。分析发现，有几个方面的因素导致了这样的结果：一是主题远离学生生活，无法产生共鸣。讲话内容多取材于历史上崇高、伟大人物及其相关事例，这些内容固然经典，但与当今社会实践和学生的现实生活相距甚远，学生难以产生情感共鸣，无法对他们的实际生活产生指导作用。二是形式单一，流于表面。多年来，升旗仪式基本不变，程序也千篇一律。上台的师生拿着一份稿子宣讲，没有惊喜，没有波澜，没有情节，更缺乏与学生的沟通、交流和互动。这些都使国旗下的教育越来越表面化，缺失了对意义与价值的深入探究。久而久之，国旗下讲话便失去了原有的教育意义。

要让国旗下讲话成为学生喜欢且乐于接受的活动，学校把国旗下讲话与德育融合，做成了国旗下课程。首先从内容选取上做了大量的调整，从学生身边找素材、从生活中找素材，讲身边的故事，小故事、大道理；结合传统节日或重大节日、时事要闻给学生传递信息，将传统与科技相结合，让学生在传承中创新。国旗下课程改变传统的"教师讲，学生听"的模式，而是与学生互动，让国旗下讲话"生成"更多东西。

镜头一：2020年6月21日既是夏至日，还是百年一遇的天文奇观日。因此，6月22日星期一国旗下课程，周校长先让学生欣赏前一天他收集到的各地天文爱好者拍摄到的"金环日食"的美照，让学生感受到天文奇观的美妙；然后提出几个有关日食的问题让学生思考、交流；再请几个小助手现场模拟"日食"的变化场景。本次国旗下课程让学生对天文学有了初步认识，激发了学生对宇宙的探索，对星空的向往，对未知科学世界的憧憬。

镜头二：梦想是什么？某个星期一国旗下课程，同学们一进飞鸿馆就看到"梦想是什么"这几个字。周校长首先让学生观看独臂少年张家城打篮球的视频，然后让学生谈观看视频后的感受。有个学生说道："看到这个视频，我觉得我和这个独臂少年一样，可能我们不是最优秀的学生，但是因为我们热爱我们的梦想，所以我们坚持了。我从一年级开始加入合唱队，今年五年级了，我依然在合唱队里，我从未放弃，也不曾想过放弃。"听完学生的分享，周校长向大家介绍了这位独臂少年——张家城的故事：张家城是广东云浮市的一名初一学生，5岁时一场意外使张家城失去了的右臂，12岁时篮球走进了他的生活，梦想开始在他心中发芽，他说现在最大的梦想是努力成为一名职业篮球运动员。一场意外彻底改变了张家城原有的生活习惯，但他靠坚强的意志攻克了一个又一个难关，训练用左手穿衣服、握筷子、写字、打球……在这样日复一日地坚持下，他不但找到了自己热爱的事情，还为其努力。周校长用同龄人的故事引起学生的共鸣，潜移默化地引导学生怀梦想，持坚毅！

国旗下课程成为全体师生期待的活动。学生喜欢，因为他们可以从中接收到丰富多彩的信息，可以自由地表达观点，说出自己的想法，在潜移默化中学会坚强与担当。老师喜欢，因为教师从中可以感受到原来教育是可以这样抛砖引玉让学生思考、交流，可以这样轻松和谐地对学生进行思想教育，从而感悟到教育的真谛。

2. 仪式和典礼熏陶人格

教育就是要以生命关怀为起点，通过发掘潜能，让教育者与受育者内心深处产生强大的发展动力，最终走向生命自觉。谭力在《浅谈舞台主持与仪式感》中提出，"仪式感是仪式过程中主体内在的感性活动，是人的情感与外在仪式的沟通，并将仪式活动中所试图传达的理性精神通过这一沟通进入到人的情感体验之中。"

让每一个孩子都有出彩的机会，一直以来民乐小学以仪式和典礼凝聚人，设立了多个仪式和典礼，把仪式和典礼作为精神发展的燃料，让学校充满活力（见表5-26）。学校把各种活动、任务和价值观紧密联系在一起，鼓舞参与者的精神，加强飞鸿文化的凝聚力。通过各种仪式和典礼营造励志育人的校园氛围，让氛围感染人、熏陶人、激励人，使学生获得向上的动力，自觉成长为最好的自己。

表5-26　两仪式与三典礼教学内容

仪式名称	对象	时间	负责人	教育目的
升旗仪式	全体学生	每周一	大队部	严格规范礼仪、程序，进行爱国、爱国旗教育
宣誓仪式	全体学生	每学期开学	大队部	宣读飞鸿誓词，让学生在日常生活中做到脸上有笑、眼中有光、口中有德、心中有爱
入学典礼	一年级	8月底	德育处	开展爱校、爱集体、爱小学的生活教育
成长典礼	全体学生	每学期期末	德育处	综合评价，帮助学生找出自己的成长点，培养学生的自我价值观
毕业典礼	六年级	7月	德育处	爱校教育、感恩教育、理想教育

（1）两仪式

仪式作为一种文化或文化象征，其作用无可替代。它能够把学生经历的看似普通的事件赋予一种特别的意义，能触及学生的心灵，对学生的心灵起着深刻、持久、潜移默化的感染效应。通过仪式，我们充分挖掘了升旗仪式和宣誓仪式的价值，让师生经历共同的情感体验，使升旗仪式和宣誓仪式成为学生人生中不普通的经历，激发他们爱国、爱校的情感并提高他们对自我的要求。

2016年在北京参加元宵节目录制时，老师和学生专门到北京天安门看升旗仪式。回来后，学校的升旗仪式就严格按照天安门升旗仪式的标准进行，有专门的国旗班和训练有素的升旗手。升旗仪式时间为每周一上午8：30，为了更好地对学生进行爱国教育，使升旗仪式不流于形式。有时星期一早上会不定时地播放国歌，当国歌响起，校园里的师生纷纷驻足，面向国旗，唱起国歌。

宣誓仪式是每年一年级入学典礼及全校开学典礼时必不可少的环节。学生宣读飞鸿誓词，新学期立志做脸上有笑、眼中有光、口中有德、心中有爱的卓越小飞鸿。

图5-29　飞鸿誓词

（2）三典礼

① 小飞鸿入学典礼。

为了让一年级的小飞鸿更快、更好地适应小学生活，感受入学的快乐，使其6年的小学生活有一个美好的开始，每年8月31日，学校会举行以"我是小小飞鸿啦"为主题的小飞鸿入学典礼，这是一个家长与自己孩子参与的典礼。典礼上，校长会给学生送上7份礼物：一根棒棒糖寓意让学生每天都有好表现，做最棒的自己，感受生活在民乐小学这个大家庭里甜甜蜜蜜的每一天；一支铅笔寓意热爱学习，记录下每天成长的痕迹；一本书寓意获取知识，启迪心灵；一张读书卡寓意着让读书成为打开知识宝库的钥匙；一个本子寓意记录生活点滴，收获人生的精彩；一个小飞鸿徽章寓意像一只小鸿雏，展翅飞翔；一头健康狮，寓意健健康康，快乐成长！

随后，六年级的学生给一年级小飞鸿佩戴小飞鸿徽章，寓意新老传承，并进行小飞鸿宣誓仪式，自此，一年级学生正式成为小小飞鸿，成为民乐小学的一员。

入学仪式上还会进行一项富有意义的"梦想石·预约梦想"活动。一年级的小飞鸿手捧承载着自己梦想的石头，小心翼翼而又充满仪式感地对着这块赋予梦想力量的石头吹一口气，让梦想石成为自己前行的动力，乘着梦想起航。这是我们入学之初的约定，将会成为学生6年乃至一生的精神追求。随后，这些梦想石将珍存在学校风雨连廊的时间胶囊里，让时间见证追梦的足迹。

② 小飞鸿成长典礼。

小飞鸿成长典礼的前身其实就是每学期末的评奖活动。作为评价学生最重要的标准，鼓励每一个学生的每一步成长，要求老师们对每一个学生，无论学习成绩如何，对学生自身的优点和闪光点都要给予充分的鼓励和认可。帮助学生充分发现自我、认识自我、完善自我；让每个学生都感受到成功的喜悦，树立不断进步的自信心。每到学期末，学校都对全校学生实施多元评价——评选"厚德""崇文""尚武""乐艺"共四大类别的奖项，学校会提供20多个奖项供班主任选择。当然，班主任可以根据学生的实际给予奖项外的评选。评选坚持赏识为主，坚持用多种尺度衡量学生，做到一个学生都不能少，以促进学生综合素质和能力的全面提高，让鼓励成为学生成长过程中进步的动力，发现每一个学生的某一个闪光点，并告诉他；最终让光照进学生的心灵，成就学生未来更多的可能性。

附：民乐小学学期末学生奖项增设版（试行）

最具勇气奖：敢于挑战、勇于突破。

最具创意想法奖：在班内有很多好的主意与想法，即使天马行空也无妨。

最具创造实践奖：能够将创意与梦想付诸实践。

最具质疑精神奖：敢于对问题提出疑问，提出设想。

最具爱心奖：经常热心帮助别人。

最具仁义奖：班级里能够敢于仗义执言、富有正义感、遇事不退缩。

最具坚毅奖：做事情有恒心、有耐心。

最具形象奖：有礼貌、讲文明、一学年度服装都干净整齐、得体。

最具贡献奖：在生活中经常辅助老师、帮助同学。

最具感恩奖：懂得感恩父母、老师、学校。

最具语言智能奖：语言表达能力方面有天赋，有较好的演讲能力。

最具逻辑数学智能奖：数理关系、逻辑推理能力较强。

最具空间智能奖：善于空间布置，进行班级装饰，心灵手巧。

最具肢体运作智能奖：运动细胞发达，喜欢运动。

最具音乐智能奖：音乐节奏好，唱歌好听，喜欢音乐。

最具人际智能奖：班内人际关系好，善于与人交往，能凝聚人。

最具自然探索智能奖：喜欢花草树木，对花草树木有自己的见解与热爱。

最具灵性智能奖：解决问题时总是能够提出很多的具体方案，一点就通。

最佳记忆力奖：对于事物的记忆，包括短期和长期的记忆力、形象和抽象的记忆力等。

③ 小飞鸿毕业典礼。

6年的小学生活对每个人来说都是非常难忘的，在小学里学生开始学会做人、学会学习、学会交往、学会实践。在毕业前夕，通过隆重而有意义的毕业典礼来展示6年来的成长，为他们人生学习的里程碑和转折点画上重要的一笔；让学生通过典礼认识自己、总结自己、展示自己，为自己6年的成长画上一个圆满的句号；同时对10年后的自己进行展望，十年之约，怀揣梦想，追寻未来。

毕业典礼首先进行的是"点燃心中的热情——励志歌曲大家唱"环节，孩子们齐唱这6年来所学的励志歌曲，美好的小学时光在脑海中重现，历历在目。

随后进行"放飞心中的梦想——学生代表讲话"环节，紧接着是"点亮希望的灯塔——校长寄语"环节，这是周校长给六年级学生上的"最后一堂课"，寄托了对六年级学生的殷殷期盼。"记忆昨天的自己——全体毕业生、优秀毕业生颁奖"环节则寓意着学生正式毕业，从民乐小学出发，扬帆远航！

最后是"十年之约——畅想美好的明天"环节，学生描绘十年后的梦想——

"十年后，你们将大学毕业，请回到民乐小学捧起梦想石问问自己，当初的愿望你实现了吗？当初的梦想你还在坚守吗？"

3. 小飞鸿大舞台

民乐小学小飞鸿大舞台作为学生的重要展示平台，以其活动的实践力、影响力加深着飞鸿文化的凝聚力与感染力，让每一个孩子都有出彩的机会。小飞鸿大舞台为学生搭建展示自我、锻炼自我的平台，能够展示团队风采，增强集体凝聚力，展现校园精神与活力。从而，让学生能够在参与活动过程中感受各种乐趣、欢笑、成功、挫折等情绪体验的同时，感受践行"怀梦想、习智慧、持坚毅、行仁爱"的飞鸿精神所赋予他们的特别意义，构筑感恩、积极、阳光、快乐的人生信念，让学生在这个童彩缤纷的小学阶段，为自己、为集体送上一份份属于自己所创造的"飞鸿教育，育人成人"之礼。

每周五下午第一节课为小飞鸿大舞台时间，全校学生集中飞鸿馆进行小飞鸿大舞台活动。每个星期由不同的级部展示，展示要求全员参与，每班一个集体节目，一个个性化展示节目。这给学生提供充分展示自我的平台，培养学生成为一个阳光、自信的小飞鸿。

与此同时，小飞鸿大舞台也展示着丰富的以反映岭南人文精神为核心的艺术教育作品，如《风雨飞鸿》《鸿鹄芳洲》《佛宝闹狮》《狮道》等作品，它们在每一个特定的时间节点，通过小飞鸿大舞台，透过剧作本身所蕴含的历史与人文、教育与艺术来影响、浸润、震撼民乐小学的学生，给予学生对人文精神的反馈与思考，感受艺术作品背后的意义，给予学生践行"怀梦想、习智慧、持坚毅、行仁爱"的心灵营养与行动内驱力，让学生在表达自我、领悟自我、展现自我的过程中塑造良好的文化认同与人生信念。

4. 吾日三省吾身活动帮助孩子树立美好品格

吾日三省吾身活动分为两部分内容：

一是值日老师每天会对学生进行一日常规的反馈，包括学生从进入校门开始一天的行为习惯、礼仪礼貌、作息、课间活动等反馈。值日老师会在第二天的中午进行全校反馈。使用的句式是"吾日三省吾身，大家好，我是×××老师，今天由我来进行反馈"，紧接着，值日老师反馈学生做得好的地方以及需要进一步改正的地方。

二是学生每周五中午广播时段，进行"小飞鸿"争章暨小组合作评价反馈活动。

表5-27　吾日三省吾身活动内容

评价项目	学校生活	课堂教学	校本小课	实践活动
评价内容	清洁、集会、课间、归程纪律等	语文、数学、英语三科必评	早读、作业、大课间、餐前阅读、午练、小飞鸿广播	级部展示、竞赛活动
评价主体	班科任、班委会	任科老师	班长、科代表、体育委员	班主任、班委会
评价分值	"3-2-1"评分说明：以班级10个小组为例，根据各"评价项目"的表现在各科次进行综合评定。"课堂教学"项目在每节课最后3分钟评定，表现最好的小组得3分，良好的小组得2分，一般的小组得1分，可以存在不得分，各科分层次比例由任科老师自行把握，及时记录于"小飞鸿'吾日'自我修炼成长得分记录表"中			
评价反馈	主题：小飞鸿"吾日"自我修炼 反馈时间：每星期五广播时段 反馈流程： 1. 广播员：互动语，A.吾日三省吾身；B.三人行，必有我师焉，择其善者而从之，其不善者而改之。现在又到了"小飞鸿'吾日'自我修炼"时间，请各班小主持组织活动。 2. 班级小主持：本周待进步的小组有……请第××小组总结。（以此类推） 3. 小组长：本周我们小组在××方面落实不够好，在××方面还有不足，下一周我们会继续努力……			

学校每天都会记录小飞鸿的"吾日"自我修炼成长得分，然后每周进行汇总，希望吾日三省吾身活动能够让学生及时得到反馈，养成良好的学习和生活习惯。

一个简单的入学仪式，一块赋予梦想力量的梦想石，一个笑着笑着就哭了的毕业典礼，一个让每一个学生至少都能够拿到一张奖状的成长典礼，一个关于责任与担当的宣誓仪式，一个模仿天安门国旗班的升旗仪式，一场"一个都不能少"的班级展示，打造多元立体榜样化成长平台，多渠道、多方面激励每个学生掌握一门好手艺，培养一项好乐趣，更加注重的是学生在参与过程中情感的凝聚和文化的传承，促进学生的个性成长和多元发展，从而培养"德艺双馨，文武相晖"的飞鸿少年。

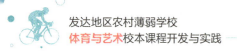

六、课程评价

课程评价从一定的教育目的出发，对课程活动过程和结果进行价值判断的活动，主要包括课程目标、课程计划、课程标准和教材等内容的评价。校本课程实施体系的构建由多方主体共同完成，在实施评价中必然要统筹多方评价主体，以保证评价的完整性和真实性。

（一）构建课程评价体系

课程评价主体的多样化是提高课程评价的信度和效度，促进评价结果的指导性和利用率的需要[①]。评价主体的多元化让评价者和被评价者形成动态关系，扩展了评价者的角色，提高评价结果的使用率。评价主体多元化背后的价值取向在于让各方利益者拥有话语权，参与到课程的开发、制订、实施和评估当中，引导学生对各种事件合理公正地表达自己的观点，同时评价也要按照一定的评价策略和评价步骤进行才能保障课程评价真正起到作用。

1.评价主体

（1）学生：课程评价的主体

从教育活动过程中看，学生处于教学活动中的主体地位，让学生参与到校本课程目标、内容、实施和评价中，调动学生参与的积极性，保障校本课程的可持续发展。

让学生成为课程的主体要从校本课程目标开发、校本课程内容制订和校本课程实施等维度出发：其一，让学生参与校本目标的制订，收集学生对课程目标的看法和意见，有助于目标更加符合学生的实际需要，提高目标实施的可操作性和可行性；其二，校本课程内容要结合学生的兴趣爱好、现实需要进行组织，让学生自己选择所认同的、富有价值的课程，才能让"乐学"转换成"善学"；其三，让学生对课程实施结果进行评价，包括：学生作为参与者在学习过程的评价和对学习结果的反思，对课程实施过程的教师、学生等参与者的评价。让穿鞋的人来评价鞋子的

---

① 蔡敏.论教育评价的主体多元化［J］.教育研究与实验，2003（1）：21-25.

质量，才是健康合理的评价①。只有让校本课程主体参与到全过程评价中，才能让校本课程评价更加科学和有效。民乐小学对特色课程的评价注重的是基于学生学习过程、学生发展的主体性评价，体育和艺术课程开发着眼于学生内在发展动力，以飞鸿精神指导下的体育与艺术课程指向学生的情感世界，同时尊重学生的兴趣和个性差异，鼓励学生开拓创新，不仅发展好"体育与艺术"，还要搞好"智育"，引导学生提升综合素质。

（2）教师：课程评价的主导者

教师在教育教学过程中扮演着主导者和实践者的重要地位，在校本课程评价中不再是被动考查，而是主动积极的个体，其目的是促进学生和校本课程的发展。

在三级课程管理体制的推动下，倡导自下而上的课程开发模式，校本课程的开发给一线教师提供自主参与的机会。首先，教师作为教材内容的直接使用者，既要非常了解和把握课程标准，同时又具备丰富的教学实践经验，能够及时捕捉到课程资源的可行性和发展性，从而在课程开发中提供建设性的意见和观点，从而做出全面、深入的评价。其次，教师在教学过程中，通过反思自己的教学过程和观察学生的反应收获到课堂教学的反馈信息。再根据实际需要对课程进行再批判、再创造，制定更加符合学生发展和课程教学的课程方案。最后，教师对课程结果的评价包括：一是教师对自己课程实施后的评价，教师通过上级、同事和学生的意见反馈和自我反思进一步思考教学中的不足，让课程评价帮助专业成长；二是教师对学生做过程性评价和综合性评价，分析学生的发展需求，进而对校本课程发展的改进和特色学校发展的方向提供可能性。

（3）学校：课程评价的统筹者

校本课程是学校组织开发的课程，学校是课程的编制者，负责课程的设计与实施，同时也是校本课程评价的统筹者。

一方面，学校在课程评价中处于组织和领导地位，学校可以根据自身情况发展充分利用评价对校本课程进行诊断、改进，及时调整课程实施方向，促进校本课程真正落实。

---

① 刘雪梅，祝成林.学生：不可或缺的校本课程决策主体［J］.教育探索，2010（1）：97-99.

另一方面，也有研究提到，有些学校专门成立校本课程专项小组来统筹校本课程的规划设计、组织实施和管理评价。民乐小学确立特色发展方向后，成立特色发展处作为评价执行机构，有针对性地负责校本课程的相关事宜。特色发展处下设体育、艺术等多个分支，各支部之间既各司其职，又相互评价，共同发展。

（4）外部力量：课程评价的建议者

除学校内部自评以外，还需要收纳外部力量参与校本课程开发与评价，以弥补内部评价的不足。外部评价主体包括：相关教育行政部门、家长、社区和课程专家等。尤其是当前校本课程与本土文化相互渗透，让社会力量参与到课程评价过程中来，只有获得社区的协助和家长的通力合作才能取得成功。各方主体能够提供相关信息，从不一样的视角分析，并且提出建议和对策，这将有利于各方接纳和认同评价结果，促进校本课程的持续健康发展。例如，民乐小学定期举办"家长开放日"，邀请家长来学校观看表演、了解学校课程、和孩子沟通交流，再根据观察学生平时的表现，写下家长评语，让家长参与到对学校、对老师和对学生的评价中来。

2.课程评价的步骤

（1）明确评价对象与范围

在这个阶段上，评价者要确定他们将要评价些什么，以及他们将使用何种设计。评价者要决定评价的焦点课程目标的确立是否恰当，校本课程实施方案是否可行，还有评价课程实施效果如何。这时，评价者要详细说明他们评价活动的目的，并要识别是在哪些政策和限制条件下做出这种评价的。

（2）搜集信息

在这一步骤中，评价者要识别探讨问题所必需的信息来源，并能用适合的方法搜集这些信息，评价者还要根据评价的时间表来合理安排搜集信息的步骤。

（3）组织材料

评价者要组织搜集的信息，以便做出解释，并使那些对此有兴趣的人感到有用。评价者要注意信息、编码、组织、储存和提取的手段。

（4）分析资料

在这个阶段，评价者要选择和使用适当的分析技术。选择恰当的技术有助于对所搜集到的有关校本课程开发与编制等环节信息进行筛选、整理与分析，从而获取有效信息，并做出正确决策。

（5）报告结果

评价者要决定评价报告的性质，并注意到该报告的读者是谁。评价者的报告可以是非正式的，也可以是正式的；可以是描述性的，也可以是数据分析的。

3. 校本课程评价的内容

（1）校本课程目标定位的评价

校本课程目标定位的评价指搜集与课程有关的师生发展水平、需求状况、资源基础和政策限度等方面的信息，以此判断校本课程的目标是否能与实际需求相一致，是否体现校本特点，是否突出对国家课程、地方课程的补充作用。[①]

（2）对校本课程方案可行性的评价

校本课程方案是一个学校实施校本课程的依据，方案是否具有可行性直接决定校本课程实施的效果。课程方案是学校和教师为了实现学校的办学目标，根据国家课程计划规定的学科、课时，结合自身的办学理念，设置可以指导学校课程的教学计划。提前做出课程计划方案可以让教师更有目的地备课，其教学效率更高，更好地实施校本课程。

（3）对校本课程实施过程的评价

对校本课程实施过程的评价可以从以下四个方面来展开：

① 准备情况，如学校、教师与学生对于校本课程教学的准备情况。

② 教学内容的选择是否科学合理。

③ 教学组织情况是否有序，教学方法与手段的运用是否多样。

④ 学生的知识、能力与情感、态度、价值观是否发生了积极的变化。

4. 对校本课程实施效果的评价

校本课程是为提升每一位学生的综合素养以及满足个性化发展的需要，校本课程实施的效果主要从学生和教师两个主体来分析。

对于学生的评价主要从三个方面展开：

① 是否掌握了基础知识与基本技能。

② 是否在学习过程中掌握了学习方法，获取了学习能力。学生的创新意识、

---

① 刘克健. 论教师参与中学校本课程评价的过程与方法 [J]. 管理观察，2008（18）：138-139.

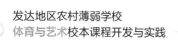
创新能力是否得以提高等。

③ 学生是否养成了良好的学习习惯，是否具有积极乐观的心态以及正确的价值观念。

对于教师的评价主要从以下三个方面展开：

① 教师的课程意识是否得到提升。

② 教师课程组织与管理能力是否得到提高。

③ 教师之间能否达成合作意愿，形成协作精神。

（二）创新课程评价方法

校本课程是富有特色化和本土化的课程，相比于一般课程更具特殊性。不同学校、不同教材在课程内容和课程方法上差别很大，课程评价没有一套固定的标准可以参考，因此不同学校采用多种评价方式相结合，避免采用单一的评价方法产生的偏差，灵活开展校本课程评价。评价形式包括自评和他评相结合的方式，评价方法上是定性评价和定量评价相结合，采用问卷调查、诊断性测评、观察、访谈、描述性、故事性、个案分析、档案袋等多种方法对课程实际情况进行评价，形成自评、互评和他评的良好生态评价系统。以下具体介绍目前体育与艺术校本课程中常用的方法。

1. 问卷调查法

问卷调查法是预先设计好的问题，由教师、学生、学校行政部门与社区等作答，这种方法的优点在于标准化、误差小，不受时间控制，可以在短时间内获得大量的信息。问卷调查法在对课程开发前了解学生兴趣和需求，课程实施中了解课程满意度情况比较多。问卷形式包括封闭式、半封闭式和开放式三种。封闭式和半封闭式的题目易于形成标准化和量化，方便统计分析；开放式题目可以更广泛地收集资料，挖掘深层次的信息。

在同一份问卷中可以有多种问题配合使用。

首先，通过封闭式和半封闭式问题对学生的需求、取向和满意度等进行了解，例如：

（封闭式）你是否喜欢××课程？你是否喜欢××课程教学方式？

A. 是   B. 否

（半封闭式）你认为××课程在哪些方面有待改进？

A. 课时比例   B. 课程结构   C. 教学内容

D. 教学方式   E. 考核方式

或者部分学校采用等级量表的形式对学生和老师进行评价，可以是表5-28、表5-29所示的形式。

表5-28　问卷调查评价表

评价内容	评价指标			
	欠缺	合格	良好	优秀
是否能够积极参与教学活动，认真听讲，动作到位？				
学习结果明显比初步阶段有收获？				

表5-29　音乐课堂教学评价标准

项目	内容	评分				
		优	良	中	差	合计
教学目标（10%）	1. 以音乐课程价值的实现为依据，通过教学及各种音乐实践活动培养学生学习音乐的兴趣，发展学生的音乐感受能力、鉴赏能力、表现能力和创造能力	5	4	3	2	—
	2. 知识目标落实准确，重点、难点突出	5	—	3	2	—
教学内容（15%）	1. 教授内容准确	5	4	3	2	—
	2. 教学具有较强的逻辑性，能培养学生的感受能力与鉴赏能力（音乐表现要素、音乐情绪与情感音乐风格）	1	8	6	4	—
	3. 表现能力（演唱、演奏、识读乐谱，综合性艺术表演）	—	—	—	—	—
	4. 创造能力（即兴创造、创作实践）	—	—	—	—	—

其次，在对基础问题进行了解和分析时，可以继续通过开放式问题或者是访谈法的方式对问题进行深入挖掘，发现问题的成因，探讨解决对策。例如：

（开放式）请你简单谈谈学习这门课程的收获？（100字以内）

2. 表现型评价

表现型评价是指在某种教育情境下通过完成某项实际任务来评价学生已取得的能力，包括口头表达能力、思维创造能力、实践能力等。表现型评价可以分为限制性和开放性，限制性的表现型评价是对学习的任务和目标都有明确具体的规定，传统考试就是限制性的表现型评价。开放性表现型评价区别于纸笔测验评价，是对学生行为过程的评价。例如，民乐小学举办社团展示周，在一周时间内，让学生参加美术、书法、体育等项目，再通过现场作品展示、知识竞答、即兴发挥、项目设计和对话交流等对学生的表达能力、应变能力、思维创造能力和实践能力进行评价。这种评价方式极大地提高了学生的积极性，培养了他们的创新能力和实践能力。

3.观察法

观察法也是课程评价中常用的一种方法。观察法最适用于了解被评价对象的行为、动作技能、情感反应、人际关系、态度、兴趣、个性、活动情况等[①]。观察法主要运用在学生参与课程活动中和教师教学过程中，在体育和艺术课程活动中，观察法尤为重要。在校本课程实施过程中，观察者和被观察者在同一空间下通过观察自然状态下学生和老师的行为表现捕捉到第一手信息，生动、具体、全面地记录活动中的细节和事件，具有客观性和真实性。例如：

在体育课堂上运用教学观察量表（见表5-30），让课堂观察点成为可观察、可记录、可解释的文字表达。

表5-30 教学观察量表

维度	观察点	观察评议	评价反思
使用范围	场地大小是否合理		
实用性	是否利于队形的调动		
	使用场地器械数量、种类是否合理		
	是否有利于提高练习密度		
学生表现	是否主动参与练习		
	是否主动探究、参与小组合作		
教师	能否解决教学重点、难点		
	教学方法是否得当		
美观性	场地器械的整洁性		
	场地器械摆放的艺术性		
安全性	场地器械的设计与使用是否安全		

① 宫黎明.校本课程评价研究［D］.芜湖：安徽师范大学，2005.

4.终结性评价

终结性评价是教学结束后的评价，既包括阶段性小测试，也包括大范围的期中、期末考试。校本课程实施的目的是让学生个性化、多样化发展，因此，运用终结性评价对学生进行评价更加倾向于短期的、非淘汰的行为测验，这样有利于及时发现问题、及时反馈、采取措施解决问题。校本课程仍然处于不断完善和改进的阶段，使用终结性评价的考试形式一般是在校老师自编试题，在实践过程中把握好信效度、难度和区分度是具有一定难度的。因此，终结性评价是最终检测学生能力发展的重要途径，既反映了教学效果，也体现了学校的办学质量。但体育与艺术校本课程更加关注教学过程中学生行为性发展，所以不少学校酌情考虑校本课程中终结性评价在最后评价中所占比例，以更好地评估教学过程，促进学生成长。

第六章 体育与艺术校本课程开发的保障机制

课程的开发与实施都需要一定机制的引导和保障。从课程实施主体来看，主要包括内部机制和外部组织的保障：学校内部是分工明确的、系统的、有组织的主体构成，其中不乏学校校长的领导，学校文化的积淀，稳固的师资力量，等等；学校外部资源要盘活盘好，与社区、家长和社会保持良好的联系沟通，让各方协调一致，共同保障体育与艺术课程的开发与实践。

一、组织领导

学校的课程改革实践需要校长有力的领导和学校组织的共同支撑。两者为学校课程的改革提供长效机制。

（一）校长是课程开发的领导者

1.校长是学校课程实施的决定因素

我国学校的课程管理是一种控制型的管理模式。该模式强调校长通过个人的行政命令和日常行为监控实现课程管理的秩序化、制度性和规范性。[1] 对于农村薄弱的小学来说，由于师资力量比较薄弱，学校的发展必须依靠校长长远的战略眼光。校长要完成从传统化的课程管理者向富有科学化、特色化的领导者的转变，调动学校各种可利用的资源，形成课程合力，推进特色课程的实施。

---

[1] 薛国凤，赵立平. 走向领导：美国校长课程管理角色转变研究及启示［J］. 外国中小学教育，2011（1）：47-51，46.

2. 校长是学校课程体系建立的关键

农村地区的发展有其特殊性，这就要求校长在秉持全面发展的课程体系的基础上，充分发挥农村地区在综合课程方面的优势，形成自己的办学特色。由于农村薄弱地区的师资水平以及信息资源等相对落后，校长需要积极向上级政府部门反映，争取对体育与艺术教师进行课程设计与组织实施的培训；也可组织有关专家对各学校在课程建设中存在的问题进行实地指导，让农村薄弱地区的学校有效地去完善课程体系的设计。校长要积极主动地去组织和领导课程的设计与实施，通过不断改进，最终形成基于本土特色资源的，促进学生全面发展的课程体系。

3. 校长是学校课程全面实施的引领者

校长还应该坚持可持续发展的学生观。校长在课程实施中最大的变化是角色的转变，从简单的课堂教学管理者变成学生发展的促进者。构建学生自主学习、合作学习、探究学习的学习方式已成为校长的一项重要任务。为了适应学校长远发展的要求，校长要顺应三级管理要求，构建课程领导共同体。[1]

（二）校长领导对课程的把控

为了保障课程的顺利实施，校长要从实际出发，在国家教育政策和地方本土文化的驱动下，拥有科学地组织、开发、实施和评价学校课程的能力。

1. 把握课程思想的方向

校长要正确理解课程建设的意义，牢牢把握课程实施的思想价值导向。要把培养人、发展人和塑造人作为课程建设的主要价值，并进行审视，在社会主义核心价值观的引导下，善于建立正确的教育观和人才观。

2. 提高课程的规划能力

校长要把学校的办学理念转换为课程价值观，并将其运用到学校课程开发设计的价值计划体系中。在三级课程体系的指导下，既要保证国家课程和地方课程的全面实施，也要给予学校课程发挥的空间，保证学校课程的有效实施，使得学校的三级课程成为科学合理的网格结构。

---

[1] 张占成，孙凤舞. 农村初中校长课程领导力提升策略研究［J］. 教学与管理，2019（20）.

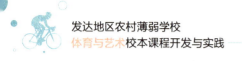

3.提高课程实施的领导能力

校长要开足、开齐所有课程，不随意增减课程的课时，保证基础课程和特色课程合理、有序地展开。合理统筹国家课程、地方课程和学校课程的课时分配。作为校长，要发挥课程实施的领导能力就要使学校的办学理念成为学校可接受的行为准则，充分聆听社会、教师对于课程建设不同的声音，做好沟通分享工作，创造有利的条件，从而确保课程建设的质量。

4.善于对课程进行评价

校长是课程实施的领导人和监督者。校长要善于对课程实施的过程、方法、结果以及影响因素进行客观合理的评价。同时，要对课程开发的整体系统，包括课程开发、课程研究、课程实施和课程整合等方面，校长要具备一定的管理和评价能力，能从多维度、多角度、多方面综合评价学生、教师和学校发展。

（三）学校组织的推动

现代组织理论研究表明，减少组织管理层级，更能提高组织效能。同时改变组织的垂直结构，实现组织结构的扁平化，使组织中的每个人都职责明确，分工合作，管理自主，可提高组织的柔性和创造性。

1.对学校中高层组织的重组和调整

传统的学校组织机构参照科层制组织体系，由高、中、基层三个垂直的组织层面构成。为了方便学校高效地展开各项工作，提高各部门的适应性和灵活性，因此要对现有的组织进行调整和重新设立，对各个部门进行重新分工，要求职责明确。具体来看，学校机构改革仍保留了高层战略和中层管理。其中，高层战略划分为：工会委员会、学术委员会、校长办公室、党支部、教职工代表大会、家长委员会、学生代表大会；中层管理主要包括：总务处、校务处、教研处、教务处、德育处、大队部和特色发展处（图6-1）。

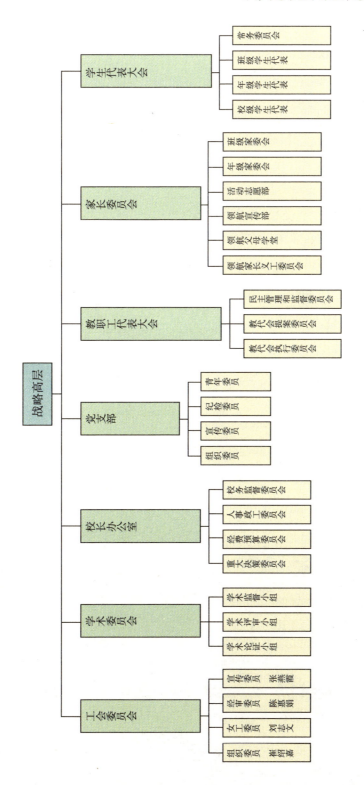

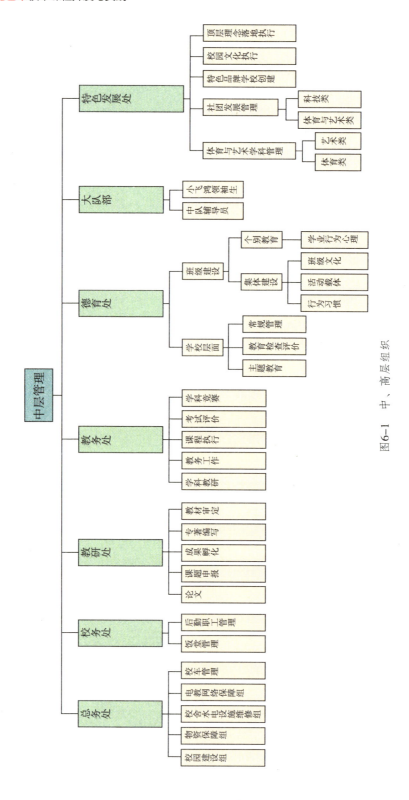

图6-1 中、高层组织

2. 各部门各司其职、分工合作，共育课改园地

在自主办学的过程中，要将管理重心分散，这种改进方式有助于深化办学理念，促进全员参与。例如，成立特色发展研究中心，该组织可以具有自主协调权，用来执行学校课程教学改革决策；开展学科课程教学研究与交流，推进学科课程教学改革；促进学科建设发展，打造学科特色；提高学科教师专业素养等。

该组织结构还有一个显著特点，就是组织结构柔性化、多样化。民乐小学根据学科特色发展和学校综合发展的需要除建有一般学校均有的党组织、教职工代表大会、家长委员会等外，学校还增设工会委员会、学术委员会、校长办公室、学生代表大会、大队部和特色发展处等非行政性组织机构，并积极探索重心下移的组织管理模式，由传统的"自上而下"的金字塔式走向"自下而上"的扁平式，倡导开放式、合作性组织的建设与发展。

二、环境营造

（一）学校文化是课程开发的素材

1. 特色文化课程开发是传承创新传统文化的内在需求

学校文化特色是校长与师生不断积累、传承和创新的精神文化成果，是师生共同追求的价值观。学校是知识传授的主阵地，学校的教育应当肩负起保存、发展地方文化的责任。而课程又是学校教育的主要载体，它可以将文化进行合理科学的筛选加工，使其系统化，并符合学生的兴趣爱好、心理特征，进而促进民族文化的良性发展。因此，在课程中融入地方文化，加强学生对本地文化的认同，成为校本课程开发的主要任务，是区域文化传承创新的内在需求。

2. 地区文化丰富了学校课程的内容

岭南文化作为我国传统文化的一部分，有着独特的魅力，其历史悠久、内涵丰富，对佛山人民的思维方式、生活习惯、交往方式等有着重要的影响。它是岭南人民智慧的结晶，有着一定的历史价值和教育价值。岭南文化作为佛山人民传统生活和精神观念的结晶，是当地最为宝贵的资源和财富。岭南特色文化中独有的丰富的人文景观、历史文化遗存、民间艺术、民风民俗、饮食文化为校本课程提供了丰富的资源。对学生而言，它们存在于日常生活中，既真切又生动，将其融入校本课

程，既与校本课程开发的宗旨相吻合，又丰富了校本课程的内容。

（二）学校文化是课程实践的载体

课程是学校发展和学生学习的载体，反映学校文化的个性，课程的品质决定学校的教育质量。

1. 用丰富的地方文化充实学校文化

本土文化资源是学校文化建设之根，本土文化的继承和创新能确保传统优秀文化的一脉相承和历久弥新。发扬并利用好本土文化，将富有本土特色的人、物、景引进校园，让学生体会到本土文化的魅力。

2. 以生为本，追求鲜明、有个性的校本文化

学生是最富想象力的群体，教师是学生的指南针。所以，要积极创造可供师生表达个性的文化空间，让学校的文化载体成为师生有个性表达、及时交流文化的重要渠道和流动的风景线。一所学校文化是否鲜明，很大程度上取决于对师生日常文化的提炼和创新。

3. 以精神文化支撑物质文化，打造文化层

精神文化是一所学校的灵魂，它直接展现学校整体文化的氛围。善于使精神文化"物"化和"活"化，能促进学校文化的内化和升华。让学校的活动空间不仅是一个普通的场所，更是富有文化寓意的精神主体。

（三）校园环境是课程实施的保障

校园环境不仅包括师生共同学习的物理空间环境，还包括反映了师生精神面貌的精神环境。

1. 校园环境对学生具有正确引导作用

校园环境不仅彰显了学校总体的物质条件状况，还具有重要的育人功能，对学生的价值观、人生观和世界观的形成具有重要的导向作用。在学校的墙壁上、教室里营造科学、规范、奋发向上的校园环境，让学生在一个整洁优美、宁静有序、蓬勃向上、健康和谐的校园环境中耳濡目染、陶冶情操。

2. 校园环境会潜移默化地影响学生的价值、情感、态度和意志

校园环境以其独特的潜在教育形式帮助学生完善自我个性塑造。从整体上讲，良好的校风是促进学生人生观、世界观形成的重要因素，学生在校风的熏陶下，形成良好的行为习惯。以校园环境为主的潜在课程发挥着传递社会规范、价值观念、科学知识、审美意识的作用，其规范功能、导向功能、塑造功能和审美功能在学生的成才过程中起着不可忽略的作用。

3. 充分利用学校的社团活动来影响学生

学校的社团活动、班级活动、主题活动等隐性课程不断影响着学生。社团活动在促进学生身心健康、个性发展等方面发挥着积极的作用。首先，学生参加社团活动有助于开阔视野，扩大求知领域，培养良好的兴趣爱好，并将兴趣培养成特长，将特长提升为技能，将技能发展为素质，使学生提升能力；其次，学生参加社团活动，有助于增强集体观念和团队意识，陶冶情操，形成良好的道德修养和社会责任感，为提高综合素质提供有效途径；最后，学生参加社团活动，在社团活动中充分展示自我，可以激发他们对生活的热爱，增强他们的人际交往能力，有利于学生的心理健康，使学生的竞争意识、合作意识、研究能力、创新能力、沟通能力等得到进一步提高。

三、师资构建

(一) 建立农村教师的激励机制和培训机制

虽然教育经费短缺是制约农村教育发展的"软肋"，但我们也要意识到，农村教育事业的发展更需要有奉献精神的教师。学校建立对农村教师的激励机制，引导和鼓励农村教师扎根农村教育，敬业爱岗；构建专业的农村教育研究平台，促进农村学校发展与农村教师的专业成长；建立长效的农村教师培训机制，帮助教师提高教育教学技能。

(二) 积极鼓励城乡学校结对

进一步优化公共教育资源配置，鼓励有条件的城镇学校向农村地区学校输出师资、先进的教育理念和教育教学手段，创新城乡学校结对开展教育教学交流与研讨的形式，实现优质教育资源向教育薄弱地区辐射，让更多的农村儿童也能享受优质教育。[①]

---

① 王曦. 东部经济发达地区农村基础教育的发展对策：以杭州市为例 [J]. 浙江教育科学，2006（1）：17-19.

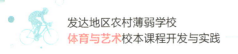

（三）创新教师管理机制

通过"青蓝结对"工程，使年轻教师和学科骨干教师优劣互补，共同提高。使教师在学校这个集体中有归属感，自觉承担起自己应负的责任，把自己当成学校的主人，积极投身于学校的建设之中，为学校发展建言献策。同时可以开展各类活动，使教师充分参与到学校的大小事务中去，采用自我评价和相互评价的方式，不断提升教师的能力，从而使学校的教师机制得到进一步完善。

（四）加强教师教学培训

相较于城镇地区，乡村学校的师资力量和教师来源欠佳，因此，学校应为教师提供进修机会，积极创新培训模式，加强培训力度，更新培训内容，不断提高农村薄弱学校教师的素质。同时，教师在进修的过程中会不断提升自己的素养，更加坚定自己教育者的角色定位，自觉、自愿地留在乡村教书育人。

（五）提升教师专业自主发展意识

教师的教育行为受教师的教育观念影响，农村薄弱学校教师由于所处环境差、待遇低，他们的进取意识会比较薄弱，留下来的心也会不坚定，所以，要提升农村薄弱学校教师队伍的素质，就必须从转变教师的教育观念着手。

（六）提升教师职业吸引力

当前，农村薄弱学校教师职业吸引力不足，要吸引优秀人才到农村从教需要增强农村薄弱学校教师的职业吸引力。一方面需要国家政策的支持，另一方面也需要学校层面提供给教师良好的环境，给予教师进修提升的机会和展示的平台，要尽可能地满足教师物质和精神方面的需要。[①]

四、外部组织

（一）家长应该树立正确的课程观念

很多家长受传统观念的影响，还是认为提高学习成绩是学生的主要任务，对于体育与艺术类课程的开设，家长是不认同的，认为这些课程会占用学生的学习时间，是学生"不务正业"的表现。学校领导者及教师应该通过讲座、家长会等形式

---

① 党志平.农村薄弱学校教师队伍整体素质提升研究［J］.教学与管理，2016（03）：59-62.

向家长传达正确的课程观念，告知家长开设体育与艺术特色课程不仅不会使学生的学习成绩下降，反而会提高学生的学习成绩，提升学生的理解能力、表达能力和思维能力，让家长改变自己的想法，树立正确的课程观念。

（二）家长与教师密切配合，促进学生全面发展

学生的成长成才是学校、学生和家长共同作用的结果。家长要充分认识到家庭教育对学生的重要性，不能一味地认为教育学生是学校的事情，要主动承担起教育学生的责任。学校在课程实施过程中，也要注重对家长资源的开发与利用。对于中低年级学生，鼓励家长引导学生积极配合学校实施课程，提高学生的积极性与主动性。对于高年级学生，鼓励家长引导学生利用网络资源查找相关学习资源，培养学生对体育与艺术课程的兴趣爱好，提高学生的创新能力。家长可以通过对学生的实践过程进行拍照、录制小视频后，在班级群中进行分享，让教师及时获取学生对课程的掌握情况，有针对性地指导学生。[①]

五、资源挖掘

校本课程资源来源于多方面、多渠道，这些资源是零散地散落到社会的各个方面。有效开发校本课程需要整合、协调多方力量，既依托于本土的文化资源，也需要借助政府和社会的推波助澜，以及学校的勇于创新。如何保障校本资源的来源和质量是课程开发需要思考的重要问题。

（一）内部资源

按照来源来分，校本课程资源有内部和外部之分。基于学校发展充分挖掘学校内部资源，化潜在资源为特色资源，主要体现在以下几个方面：一是源于原有基础课程的延伸，以基础课程改革为契机，丰富课程内涵，提高课程吸引力。民乐小学把传统的体育课和音乐课打造成富有特色资源的"崇文课程""尚武课程"和"乐艺课程"，给学生带来焕然一新的课程体验和启发。二是对学校传统特色资源的升华和创新，整合学校的办学特色和教学传统资源，并将其融入课程资源中。如民乐小学将历史人文"飞鸿精神"完美融合到课程建设和特色学校开发过程中。三是以

---

① 林艳萍，郭青松.构建家务劳动课程，让学生爱上劳动［J］.教书育人，2019（26）：19-20.

学校特色体现校本课程特色，将学校特色融入学习环境和校园环境中，让学生在特定情境下汲取知识，发展个性。

（二）外部资源

外部资源主要来源于以下两个方面。

一方面提炼区域和社区资源，打造特色地方课程。位于佛山市南海区西樵山下的黄飞鸿狮艺武术馆是民乐小学校本课程的鲜活资源。使区域的历史人文进入课堂，社区文化成为学生的关注面，整个区域的文化资源得到更好地开发和利用。

另一方面来源于校际之间的合作共享机制，如兄弟学校之间、中小学之间、高校科研院校以及校外机构之间的合作。通过区域合作项目共同整合区域资源，搭建共同的校本课程合作平台，共同促进区域校本课程开发。

民乐小学在课程开发中内拓外联，在横向上向区域内优秀的特色发展学校学习，如发展特色课堂模式，与东莞松山湖实验小学形成互助式成长共同体；在纵向上，与"西南大学""广州体育学院"等学校合作，深入研究体育与艺术课程在农村学校的实施。该校本教材开发不是一个学校各自为营，而是形成合作共同体，联合设计，共同开发，以达到保质保量的效果。

第七章　体育与艺术校本课程的实施成效

本章主要是从学校的实践成果、成果的推广与辐射和成果的创新点三个方面出发，分别阐述了体育与艺术校本课程实施的成效。

一、学校的实践成果

（一）学生成长

民乐小学开展特色办学以来，学生得到了全面且有个性的发展。委托中国基础教育质量监测协同创新中心西南大学分中心等第三方专业测评单位进行监测，对学校开设的体育与艺术校本课程在促进运动能力、审美能力、学习能力、创新能力、喜爱体育、喜爱艺术、喜爱本土优秀文化等方面占比分别为97.64%、97.22%、97.50%、97.50%、97.50%、98.34%和98.74%。

学生参加国际、国内各类体育与艺术项目竞赛获金牌人数达360多人次，学生参与国际、国内各类文化交流活动达120多次，近5年师生登上中央电视台18次，并三度登上央视春晚的舞台。这所乡村小学走出了奥运冠军林福荣、广东省高考状元清华学子陈兴荣、北大学子施展、中央美院学子陈嘉璇、中国武警学院学子周志强、广东省十佳优秀少先队员何雅诗、华南农业大学武术社团创办人麦志恒等优秀学生（图7-1）。

图7-1　部分优秀毕业生

（二）学校发展

民乐小学特色创建秉承"没有优秀的个人，只有优秀的团队"的传统，坚守"成就学生方能成就自我"的信念，全面激发了教师的创造力与生命力，主要成果有：教师论文获奖28篇；组织省级课题3项、市级课题2项、区级课题4项；发表编撰校本课程资源6套。

学校先后获评全国小学体育活力校园、国家级青少年体育俱乐部、中华优秀传统文化传承学校、广东省首批中小学艺术教育特色学校、广东省体育特色学校、佛山市首批传统文化传承学校、南海区特色品牌培育学校等荣誉。

（三）地区反响

学校办学吸引了黑、鲁、桂、闽、港、澳等国内学校，乃至美国、加拿大等国外学校40余个教育考察团来校前来研讨交流，并与黑、鲁、港、渝、川等地6所中小学建立远程交流平台。广东省河源市百罗小学、重庆市北碚区水土小学以及四川凉山州会东县第二小学等多所学校使用我校特色体育与艺术校本课程资源。

（四）学界反响

教育部原副部长刘利民评价民乐小学充分利用中华文化来教育孩子们，使得每个孩子都得到健康充分的发展，达到立德树人的目的。教育部体育卫生与艺术教育司司长王登峰赞誉民乐小学体育艺术教育做得好，并亲笔题词"全面发展"。教育部基础教育课程教材发展中心主任田慧生评价："民乐小学特色教育称得上是发达地区农村薄弱小学传统特色发展的典型"。外交部亚洲司原司长张九桓题词"鸿鹄凌云"（图7-2）。香港英基教育集团负责人表示，民乐小学的孩子们让他很震撼很感动，让人看到了朴素环境下孩子们的独立自强，看到了城市孩子遥不可及的精气神。《人民教育》杂志社管理室主任任小艾对学校及学生的评价是："民乐小学的学生不缺'钙'。孩子们身体健康，长大后肯定体质强壮；他们精神饱满，自信大方，心灵阳光，意志力强，长大后肯定不容易被困难击倒。民乐小学这块沃土，其乐融融，硕果累累！"2019年《飞鸿教育——新时代乡村小学素质教育创新实践探索》被推选参加第五届中国教育创新成果公益博览会，民乐小学学生展示的传统文化与现代艺术融合的舞蹈作品成为此次开幕式中唯一的一个展演节目，周少伟校长被此次博览会评选为全国优秀校长，并在大会做主题报告，在闭幕式上，周少伟校长再次被推选为博览会校长代表进行发言。

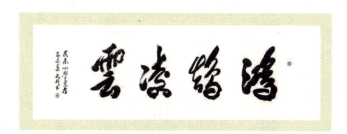

图7-2 外交部亚洲司原司长张九桓题词

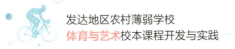

（五）媒体反响

中央电视台、中国教育报、中国教师报、南方日报、南方周末等多家媒体对民乐小学做了报道。其中中央电视台《记住乡愁》纪录片以20分钟的篇幅播放了民乐小学传播本土文化、践行本土人文精神的专题片。由教育部主办的中国教育电视台《传承的力量》节目组报道民乐小学以体育与艺术校本课程开发为主要脉络的特色学校建设。

二、成果的推广与辐射

（一）成果的国内推广与辐射

镇域辐射：在全镇内推广使用民乐小学岭南少儿狮艺武艺课程资源，并全面推广学校狮艺武艺课间操。镇内体育与艺术节举办一年一度的狮艺展演竞赛活动中，采用由学校制定的狮艺、武艺竞赛规则。

市内辐射：在南海区体育与艺术特色学校推广学校特色体育与艺术校本课程资源；连续三年承办佛山市校园武术研讨会暨师资培训会，把学校独创的狮艺、武艺特色课程在市内范围进行师资培养与课程落地；南海区采用由学校制定的狮艺、武艺展演竞赛规则，举办一年一度的狮艺、武艺展演竞赛。

省内辐射：民乐小学于2016年与广东省河源市百罗小学签订项目帮扶框架协议，输出学校体育与艺术校本课程资源，协助其开发校本课程，打造办学特色，探索学校发展之路，同时帮助其开展师资培育扶植工作。

省外辐射：与四川凉山州会东县第二小学帮扶结对，开展书法特色教育走进凉山课堂活动。重庆市北碚区水土小学使用我们的特色校本课程资源。同时，支教老师给予实地指导和帮助，让体育与艺术课程资源更好地被运用到学校的体育与美术教育之中。

（二）成果的国外推广与辐射

成果影响美国、加拿大、澳大利亚、韩国、沙特阿拉伯、瓦努阿图等国家。2017年，两名学生代表受邀参加中瓦建交35周年官方交流活动，把我们中华民族的优秀传统文化带出国门，推向世界。还参与了澳洲官方访问交流活动，以及多次参加美国汉语桥校长代表交流活动。加拿大教育团体也多次造访我校，开展关于特色体育与艺术校本课程的实践探索。这正是践行突出中国特色、讲好中国故事的生动写照。

三、成果的创新点

1. 创新校本课程，开发系列体育与艺术和传统技艺相融合的校本课程资源，彰显佛山优秀传统文化的魅力

学校积极挖掘本土优秀教育资源，开发了一系列适用于农村小学常态化教学的"体育与艺术2+2+N"校本课程体系，与"西南大学基础教育研究中心"合作，联合开发了6套校本课程资源，独创了岭南少儿狮艺全员研习的技艺标准及竞赛规则，拓展了体育与艺术活动的组织形式，让教师易教，学生乐学，推动了非物质文化遗产的传承与发展。

2. 创新转化南狮武术和艺术相结合的狮艺武艺形式，构筑体育与艺术"榜样化"展示平台

通过学科融合的形式，尝试将南狮武术融入舞台艺术形式，逐步形成了有异于南狮武术竞技的"武艺"舞台艺术的演绎形式，搭建外来务工子弟"人人能上台，个个能出彩"的榜样化成长平台。制定狮艺武术展演规则，并在全区推广使用。创设每周一展示、每月一主题、每季一汇报、每年一典礼的展示活动，让每一名学生在实践活动中锻炼自我，分享快乐，收获成长，让老师与家长在成长平台中更新教育理念。

3. 利用非物质遗产形成推进素质教育的创新路径

通过内拓外联，与"西南大学基础教育研究中心"和"广州体育学院"合作，深入研究体育与艺术校本课程在农村学校"常态化课堂"的实施。它不是简单地将体育与艺术课程校本化，而是强调在充分挖掘本土优秀文化的基础上，创造性地将其转化为落地的体育与艺术课程，形成农村学校体育与艺术素养发展的常态化实施路径，建构"乡村生态、城市品质"的评价体系与管理机制，开辟了薄弱学校与科研机构合作研究农村薄弱学校发展素质教育的实践路径。

第八章　反思与展望

纵观我们走过的发展历程，我们深知体育与艺术课程的开发和实践之路道阻且长，我们现在所获得的成就还十分有限。我们不能把眼光囿于自身发展，而是把目光跳出自身的区域范围中审视、反思民乐小学的不足和上升空间。同时，结合我们的国情，展望农村薄弱学校的发展状况。

一、反思——乡村学生的中国梦

习近平总书记在十九大报告中指出，"青年兴则国家兴，青年强则国家强。青年一代有理想、有本领、有担当，国家就有前途，民族就有希望。"中国梦是历史的、现实的，也是未来的；教育作为民族振兴和社会进步的基石，中国梦从寻梦、追梦、筑梦及圆梦都离不开教育的发展与进步。在新时代的荣光中，中国梦说到底是人的梦想，正如习近平总书记所提到的，"我们的人民热爱生活，期盼有更好的教育、更稳定的工作、更满意的收入、更可靠的社会保障、更高水平的医疗卫生服务、更舒适的居住条件、更优美的环境，期盼着孩子们能成长得更好、工作得更好、生活得更好。"要实现中华民族最伟大的梦想即中华民族的伟大复兴不是一蹴而就的，它是凝聚了几代中国人共同的夙愿，需要几辈人共同的努力。教育之于梦想是源泉、是保障、是希望。"国运兴衰，系于教育"促进教育发展已经成为国家的战略目标、家长期待和社会共识。

"我梦想，故世界像我梦想的那样存在"，法国哲学家加斯东·巴什拉曾用一句关于"梦"的描述，道出了寻梦、逐梦的生命成长之法。梦想之于教育，如生命之于活水，赋予学生相信世界有无限的可能。多年来，作为地处偏远的乡村小学南海区西樵镇民乐小学，创设与构建了梦想教育体系与平台，唤起乡村学生敢于做梦、勇于追梦、努力圆梦的内在驱动力，激活学生生命力与创造力。

（一）从不可能到可能：以传统文化创编，踏上春晚大舞台

2014年1月30日，中央电视台1号演播大厅春晚舞台上灯柱交错，音乐袅袅，来自南海民乐小学的4名小演员带着岭南民间传统艺术《大头佛》，用摇头晃脑的俏皮，第一次吸引了全国观众的目光。

当时，带队从北京回来，有人问我们："上春晚对你们意味着什么？"或许，登上央视舞台是让曾经不敢做梦的农村学生看到了世界更多可能。更为重要的是让乡村的学生坚信——无论何时何地，有梦想并付诸行动，成功的彼岸就在前方。

4年前，登上春晚舞台，对农村的学生而言仍是遥不可及的梦。在民乐小学里，75%的学生都是外来务工子女，他们跟着父母随迁就读，家庭教育的缺失与乡村教育的落后让他们自卑又没有归属感。

2010年，周少伟校长刚踏入民乐小学，学生充满渴求又缺乏自信的双眼让他很是心痛。怎样才能唤起学生内在的生命力与创造力呢？

艺术离学生最近。于是，他和团队寻找到植根南海本土文化的狮艺武术，以"传统文化+特色教育"模式，用艺术形式再创编，以传统文化再创造为脉络，打造狮艺武术与现代舞蹈相融的精品艺术。在多个文艺作品的演绎与浸润下，乡村学生慢慢对未来有了自信。

"文化+教育"模式下的狮艺武术创编，不仅成了学生学习技艺和知识的过程，在日复一日的教学中，更锻炼了学生的心智模式，比如，以社团构筑梦想阵地，开展艺术研学探究，让孩子在学习中敢于做梦，勇于追梦，并努力圆梦。

教育是一种文化现象，文化亦是一种教育力量。民乐小学以狮艺、武术为切入点，把武术"精气神"，武者坚毅果敢与德育教育相契合，塑造着农村学生的人生梦想底色。

（二）从小梦想到圆梦：打破思维藩篱，构建个体生命通道

不管有多忙，周少伟校长都会每个星期选一到两个中午的时间到学校班级里与学生一同吃午饭。在与学生互动中谈学习，话梦想，聆听学生内心的真实想法，并适时创设学生圆梦空间。在席间，周校长经常会提出一个问题："假如给你一天的时间当民乐小学校长，你会改变什么？"

有一日，就读三年级的周丽梅灵机一动说："校长，我觉得学校的绿化有点少，想在学校里添上一面绿化墙，让每个经过的人都能够会心一笑。"这朴实的梦想着实打动了周校长，他告诉周丽梅："那你可否帮校长的忙，到学校每个地方走走，看哪一面墙适合打造绿化墙呢？"周丽梅像肩负起了神圣的使命，愉快地答应了。

第二天，校长办公室里来了一名小客人——周丽梅，她自信地告诉周校长，学校飞鸿馆左边的一面空白的墙最适合绿化装饰，那里经过的人最多，最能改变学校的绿化环境。面对学生的坚定目光，那时候，周校长知道要守护一个学生最初的梦。于是，通过行政班子和教代会的论证，决定帮助周丽梅实现梦想。在星期一的全校国旗下的课程中，周校长向全校宣布，将在飞鸿馆左面打造绿化空间，并邀请周丽梅上台，郑重地把一棵植物交到她的手上，说："学校的绿化墙由你种下第一棵植物，这是你的梦想，以后绿化墙就由你来守护了。"

此后，经过绿化墙的师生们都发现，那面郁郁葱葱的绿化墙边上有个木板，上面清晰地刻上了一行字："2018年2月，民乐小学梦想墙工程启动，这是周丽梅小校长提出的梦想。"

学生也不乏天马行空的梦，一名叫何万珺的学生告诉周校长："假如可以当一天的校长，将把学校篮球场改建为游泳馆。"出于对学生梦想的尊重和保护，周校长告诉他："当然可以，你可以考上师范类高校，将来到民乐小学当校长，改变这座学校的空间和布局。"怎料，何万珺突然使劲摇头，他说："我不想改建游泳馆了，假如我当了校长，你怎么办呢？"当时，周校长鼻头一酸，抱住了何万珺。学生每一个梦想都值得尊重，鼓励学生打破思维的藩篱，以梦想构建个体生命发展通道。在民乐小学，教师是学生梦想的引路人。通过搭建全方位的赋能培训体系，架构多维度、多层级别的梦想之师学习体系，在教育过程中，融入梦想教育，引导学生拥有个性化梦想，并勇于追逐梦想。

此外，在学生方面，以社团活动、梦想空间等多元平台为载体，给乡村的学生开启梦想之旅，注入精神之"钙"。

（三）从偶发性到常态：丰富梦想教育载体，铸就生命品质

不怀揣梦想，无以追寻未来。每年8月31日一年级新生入学典礼上，周校长给每一位学生送上了一份意味深长的礼物——"梦想石"，并且告诉学生："越走越少的是时间，越走越远的是梦想。当你今天捧起'梦想石'，6年毕业乃至走入社

会之后，都不忘梦想最初的模样。"

现场，周校长邀请家长和学生在"梦想石"上绘画和写下自己的梦想，随后珍存在学校风雨连廊的时间胶囊内，让时间见证追梦的足迹。六年级毕业后，学生可以从时间胶囊里把当初的"梦想石"再一次捧起，并得到另一块名为"十年之约梦想砖"。

周校长告诉学生："十年后，你们将大学毕业，捧起'梦想砖'问问自己，你当初的愿望实现了吗，当初的梦想还在坚守吗？"

入学之初的约定，成为学生6年乃至一生的精神追求。在周校长看来，学校的教育不能是偶发性发展，而是常态化的潜移默化，梦想的力量在民乐小学以各种丰富的形式延续。在顶层设计上，围绕梦想思维导入体系，结合小飞鸿父母课堂、少年梦想品质培育、梦想成才通道等多模式进行推进，以"家校社区"三维教育生态环境促进学生用学习力实现梦想，用文化力扎根梦想。

在教育形式上，学校以特色教育社团课程推送为基点，以实践课程为抓手，为学生提供梦想土壤和条件，同时培育梦想守护之师，让课堂成为学生梦想的发源地。

（四）创新性尝试

在教育中，每个学生的雕琢均以明晰的教育载体和梦想激励，焕发其内在生命力与创造力，为学生未来发展铸就生命品质。基于此，我们做了以下创新性尝试：

民乐小学作为发达地区的乡村薄弱小学，由于其生源主要来自外来务工人员子女，流动性大，学校资源落后，毗邻市场，环境嘈杂，面临"待撤并"的危险局面。民乐小学直面困境，在逆境中求生存、求发展，依托于西樵山本土文化资源，打造成独一无二的特色品牌学校的示范样本。民乐小学能够走出困境，不仅仅是对自身定位的准确把握，更是主动求发展对其本土资源优势充分转换的结果。民乐小学实践路径的探索不仅是一个特殊开发的区域模式，更是勇于打破教育失衡，打造特色教育学校的最佳路径。它是以本土西樵山特色文化资源为依托，以培养学生核心素养为宗旨，通过持续的动态演进保证了特色教育办学的持续性。

1. 由点切入：以飞鸿精神为依托的文化办学

作为一所外来务工人员子女众多，师资力量薄弱，校址地点不佳的农村薄弱学校，如何摘掉"待撤并薄弱学校"的帽子，如何延续学校生命，不断强化师生的归属意识和责任意识，获得生命幸福感和归属感？民乐小学在内忧外患的困境下，探索出文化兴校的发展之路。文化作为一种软实力，对群体和个体的发展具有难以想象的深刻性和影响力，对于民乐小学来说，这种精神文化力量是传承力、支撑力、推动力和创造力。民乐小学经过层层探索，挖掘本土文化特色资源，以本土名人黄飞鸿人文优势为主要突破口，把握西樵山"岭南狮艺武术发源地"这一得天独厚的文化资源，找到学校改革最具发展价值的方向，同时成为撬动学校向前发展的支点。黄飞鸿作为西樵人开设的南方狮艺武术，浓缩佛山人最优秀的品质，在人民群众的眼里是自强不息、敢为人先、奋发向上、爱国爱民的代名词。毋庸置疑，以这种艺术形式为载体，能够起到激励人心、磨炼意志、培养团队精神、促进学生健康发展和推动学校变革发展的作用。

以狮艺武术为载体的黄飞鸿精神与学校办学实际相结合，基于学校的现实困境，从学生的内在核心素养出发，提出了"怀梦想、习智慧、持坚毅、行仁爱"的飞鸿精神，确立了育人成人的办学文化，并以此统领学校的各项工作，实现了学校教育教学等各项工作的全面增值。

2. 以点带面：序列化特色活动课程丰富教育的底蕴

"小活动"蕴含"大教育"，并形成了序列化的主题活动课程。飞鸿教育在遵循学生的生命成长发展规律的基础上，学校把分散化和碎片化的艺术形式转换为富有系统化的课程体系和活动体系。以单一狮艺武术为特点的特色课程显得过于单薄，为了让这种特色办学精神深入人心，富有体系化和传承性，需不断挖掘其内在的精神特质，与现有的基础课程教育相衔接，从管理文化、校园文化、课程体系和行为文化方面进行全面突破，打造全新的富有学校特点的"飞鸿教育"体系，包括"飞鸿团队、飞鸿文化、飞鸿之师、飞鸿德育、飞鸿课程、飞鸿之生、飞鸿之班"等全面构建形成的"文化—理论—实践"体系。

特色项目的可持续发展与教师的专业水平密切相关。教师的专业技能、职业素养是教师专业化水平的重要体现，也是发展特色办学中的领头羊。根据教师专业水平发展现状，在不同的时期确定一个活动主题，在该时段重点打磨、提升该类教师的技能和素养，最后连点成线、线面成体，达到教师专业水平的不断提升。

3. 以面带全：全面搭建素质教育平台体系

德育之"育"在于育人成才，任何形式的教育活动、课程活动最终都应该回归到培养人、塑造人和发展人的核心目标上。环境对人的成长和发展是潜移默化和深远持久的，飞鸿精神通过一系列的课程体系和丰富的校园文化形式来影响人和塑造人，正是以"育人成人"为教育理念，所有教育形式和教育内容的根本着力点是促进学生成长和发展。

民乐小学以区域特色狮艺、武术文化为基石，逐步建立起由内核到外核的完整金字塔文化体系。以飞鸿文化精神为内核的校园文化能够反映一所学校的文化内涵和精神风貌。学校精神文化内涵建设是学校文化的观念层。民乐小学的飞鸿精神文化是在学校长期的教学办学实践中，同时考虑社会本土文化背景和意识形态共同影响下的师生共同体，以及家长、社会共同认可的所蕴含的精神品质和文化观念。学校的制度文化是学校文化的规范层。民乐小学形成以"飞鸿精神"为核心的"三三"飞鸿管理模式，系统建立特色发展保障制度、激励制度和师生发展制度等建设性保障体系，为师生的发展，学校的实施发展护航。

物质文化作为学校文化的表象层，是一种直观性的直接互动性文化，它是彰显学校特色和亮点的一个显著的外在标志。民乐小学充分利用独有的本土文人影响和艺术资源以具象化的形式来建设校园文化，融入校园建筑风格、样式、绿化、各种教学场地、师生活动场所等。学校行为文化是学校文化的活动层。多层次渠道平台把学科课程和活动课程相结合，把学生社团活动纳入学校课程建设体系中，规范学生社团课程实施，从而促进学生"知、情、意、行"的和谐发展。由文化四层次层层剥落可以看出民乐小学是要从整体性、系统性、独特性等方面全面打造校园文化内涵，使各个文化层次相互衔接、层层递进，最终落实于实践课程体系。

同时，在顶层设计上，结合小飞鸿父母课堂、少年梦想品质培育、梦想成才通道等多模式进行推进，以"家校社区"三维教育生态环境，促进学生用学习力实现梦想，用文化力扎根梦想。飞鸿教育得到社会的广泛认可，从"学校、家庭、社会"等参与主体多管齐下，共同形成教育合力。

（五）研究的总体不足

学校16年来不遗余力地行走在本土文化探索、实践的路上，扎根课堂，践行素质教育理念，以教师为学校发展的核心，以学生终身发展为教学目的，虽已取得了一定的成绩，但仍有一些不足。

（1）有待进一步深入研究农村体育与艺术特色文化建设的有效途径和方法，形成长效机制，丰富研究成果，进一步扩大其辐射性和推广性。

（2）有待进一步研究本土文化与现代元素的融合，形成对优秀传统文化的创造性转化与创新性发展。

（3）有待加强国家课程与地方课程整合，国家课程校本化的研究，探索学生既有体育与艺术学科核心素养发展，又能形成美育、体育等方面能力的有效途径与方法，进一步丰富课堂的文化内涵，融入学校特色办学理念。

（4）在价值取向上，着手于传统文化转化的价值，着眼于中华民族文化的价值认知和取向，在全面推进素质教育方面做出有益的探索。

二、展望——农村薄弱学校的未来发展之路

特色学校建设的价值在于学校在保证学生适度全面协调发展的基础上，通过构建有利于学生潜在优势和兴趣爱好发展的新的教育形态，促进学生优势潜能及个性化兴趣爱好的充分发展，是对"基础性全面发展+较高水平特长发展"的新的教育目的观和教育理念的实践。[①]"学校特色发展是学校改进的一种基本策略，是学校根据对内部实际情况和外部环境变化的适应，对区域、学校资源进行挖掘或重组利用，使学校形成特定领域独特风格或优势的过程"。[②]

（一）推动学校特色发展

1. 坚持以本土立场推进学校特色体育与艺术特色学科的建设

要解决农村地区薄弱学校发展面临的问题，需借鉴与吸收国际化的经验，结合本土实际问题进行创造性的发展，走出一条立足区域特色的学科发展之路。首先，要实现学校特色学科的发展需要我们立足于当下发展的实际需求，积极挖掘本地区优秀的传统文化，继承和弘扬有利于学校特色学科发展的优质资源，从丰富学校课程的立足点出发，打造传统性与创新性兼具的新时代区域特色体育与艺术课程文化。将当地富有民族性、地域性、体育性、教材性的优秀民族传统体育融入到学校

---

① 傅维利.论当代基础教育的特色化建设［J］.教育研究，2014，35（10）：12-17.

② 范涌峰，宋乃庆.学校特色发展测评模型构建研究［J］.华东师范大学学报（教育科学版），2018，36（2）：70.

教育之中。[①]

民乐小学曾是一所办学条件不理想的乡村小学，是在2004年被定为"待撤并"的薄弱学校，面对困境，学校锐意改革创新，依托岭南丰富的传统文化资源，发掘名人黄飞鸿的人文优势，把握西樵"岭南狮艺武术发源地"的特色，开始了特色项目的探索之路：2011年，民乐小学成为"南海区教育综合改革试点学校"。2015年，民乐小学"飞鸿教育，育人成人"的特色学校创建方案获得南海区特色学校创建资金竞争项目的第一名。2016年获广东省特色学校创建方案评比一等奖。特色学校的创建推动着学校全方位的提升，帮助民乐小学取得了巨大的进步。

2. 坚持以学科立场促进学校特色体育与艺术文化的繁荣

学校特色体育与艺术学科发展是一个系统工程，应以人才培养为核心，以课程建设为基点，以教材开发为抓手，推动学校特色体育与艺术课程、教材、人才协同发展、互促共进，为学校特色体育与艺术可持续发展奠定坚实基础。[②]

3. 坚持以实践立场提升学校特色体育与艺术的作用力

（1）重视实践

学校特色体育与艺术的发展应该高度重视学校的实践活动，在实践中发现学校特色体育与艺术课程开发与实施存在的问题，然后解决问题，在解决问题的过程中促进学科的发展。

（2）扎根实践

学校特色体育与艺术的发展一定要坚持"从实践中来，到实践中去"的原则，既在实践中丰富和发展理论，又在理论的指导下开展实践，如此循环往复，使学校的特色体育与艺术理论与学校的特色体育与艺术实践协同一致，在学校特色体育与艺术实践中丰富研究成果，完善理论体系。

（3）深化实践

学校要着眼于深化特色体育与艺术的发展，不断了解体育与艺术课程的前沿知识，立足于学校特色体育与艺术实践的持续发展，通过到其他优秀的学校参观，邀

---

① 冯发金，王岗. 困境与出路：新时代民族传统体育与学校教育的共生研究［J］. 北京体育大学学报，2018，41（12）：130-136.

② 赵承磊. 世界一流体育学科建设的中国理路［J］. 北京体育大学学报，2018，41（1）：89-94.

请体育与艺术方面有很深造诣的专家来讲学等形式，让学校的体育与艺术课程不断革新，与时俱进。[1]

（二）未来发展的走向

1. 开展信息化的教学模式

在资源方面，未来学校的发展一定是信息化的，由模拟媒体到数字媒体，再到网络媒体，资源最终都在教育云上，教学内容极为丰富，能够最大化地满足学生个性化的学习需求。未来的发展要求学生必须具备创新、沟通与协作、搜集和获取信息、批判性思维、决策与解决问题、信息化公民素养、科技理论与应用等能力。学习方式发生革命性变化，研究性学习、探究式学习成为常态，最终会构建起以学生为中心的终身学习体系，形成学习型社会[2]。

2. 推进全方位的教学改革

未来的体育与艺术教学应继续坚定地推进全方位的教学改革，并在实践中不断创新，采用更加丰富的、灵活的教学内容和教学形式激发学生学习兴趣、运动热情[3]。教学方式和教学内容陈旧、呆板就不容易激发学生的学习热情。教师按照常规授课，学生被动接受，导致学生个性发展被忽视，体育与艺术教学的教育功能就得不到发挥。

3. 扩大学校教学的影响力

不同区域间经济发展的不平衡，造成了我国学校教学水平发展不均衡。特别是在农村薄弱学校之中，由于基础设施、家长的思想观念、师资力量及学生生源等原因与城市学校相比在开展体育与艺术教学方面显得薄弱。学校应该增加对运动场地、师资力量以及教学管理等方面的投入。同时，可以开放学校场地，扩大学校体育与艺术课程的社会影响力，也能为学校吸引到更多资源。

---

① 王华倬，高飞.新中国70年学校体育学发展回顾与展望［J］.北京体育大学学报，2019，42（11）：35-42.

② 杨宗凯.教育信息化十年发展展望：未来教室、未来学校、未来教师、未来教育［J］.中国教育信息化，2011（9）：14-15.

③ 季浏.体育教育展望［M］.上海：华东师范大学出版社，2001.

4. 优化学校教学人力资源

要吸引优秀人才到农村去，需要增强农村薄弱学校教师的职业吸引力。一方面，需要国家政策的支持；另一方面，需要学校层面提供给教师良好的环境，给予教师大量的进修机会和展示平台，尽可能满足教师物质和精神方面的需要。[①] 优秀教师只有在学校这个集体中感受到归属感和幸福感才会选择留下来，学校才能留住优秀人才。

5. 优化运动人才培养体制

我国学校运动人才培养应采用"体教结合"的体制，他们不仅要承担学习任务，也要承担训练和比赛的任务，通过文化学习提高队员文化素质，形成良好的学习态度和学习习惯；通过篮球训练和比赛提高队员的篮球技术。[②]

---

① 党志平.农村薄弱学校教师队伍整体素质提升研究［J］.教学与管理，2016（3）：59-62.

② 庄志勇.我国学校篮球教学发展进程与未来展望［J］.首都体育学院学报，2006（5）：41-42.

附 录　狮艺原创舞剧及原创歌曲

附表1　原创舞蹈作品

时间	作品名称
2010年	《武者传道》
2011年	《武动佛山》
2012年	《风雨飞鸿》
2013年	《佛宝闹狮》
2014年	《鸿鹄芳洲》
2015年	《飞鸿志·少年梦》
2016年	《飞鸿赋》
2016年	《狮道》
2017年	《妹妹，去打仗》
2018年	《狮子王》
2019年	《不倒》

武动佛山

《武动佛山》
是以佛山人文中极具代表性人物——黄飞鸿、
像自如、叶问、李小龙的形象为素材，
以民家小学的"武鸿精神"
（梦想、坚毅、仁爱）为主干，
以武术、舞蹈为表演形式而创编的作品，
作品体现了佛山的空间形象和精神风貌，
向广大观众展示了佛山人文精神。
通过不同的形式的教育的成果，
只是展示着教育的成果，
创显佛山武术文化的魅力。

附图1 《武动佛山》原创舞剧及原创歌曲

风雨飞鸿

◆《风雨飞鸿》
表现的是孩子们犹如即出巢的鸿雁，
在学习、成长的过程中，
遇到困难、挫折甚至失败，
他们不气馁，
在团队的鼓励与支持下，
认准目标，坚持不懈，
最终实现梦想，成为展翅蓝天的鸿鹄。

《风雨飞鸿》
把舞蹈的阴柔之美与
武术的刚强之美有机结合，
是教育性与观赏性相结合的一个作品。
这是我校的传统节目，是每年开学典礼孩
子们必看的节目，我们希望用这样一种潜移
默化、润物无声的教育方式，传递给民乐
小学的孩子们一种力量，一种追求梦想的
不竭动力。

附图2 《风雨飞鸿》狮艺原创舞剧及原创歌曲

佛宝闹狮

附图3 《佛宝闹狮》狮艺原创舞剧及原创歌曲

附图4 《鸿鹄芳洲》狮艺原创舞剧及原创歌曲

附图5 《飞鸿志·少年梦》狮艺原创舞剧及原创歌曲

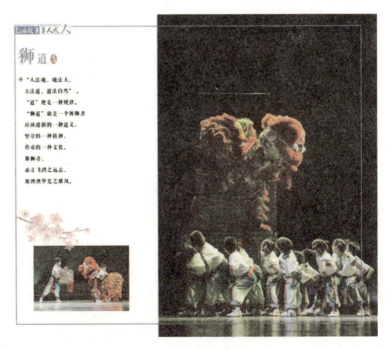

附图6 《狮道》狮艺原创舞剧及原创歌曲

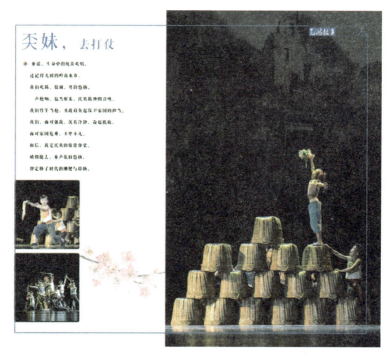

附图7 《奀妹，去打仗》狮艺原创舞剧及原创歌曲

附表2　原创歌曲作品

时间	作品名称
2008年	《阳光少年在成长》
2014年	《鸿鹄志远少年梦》
2015年	《向您致敬》
2016年	《南狮》
2018年	《大头佛》
2019年	《少年志·说少年》
2020年	《那座山·佛山情牵大凉山》

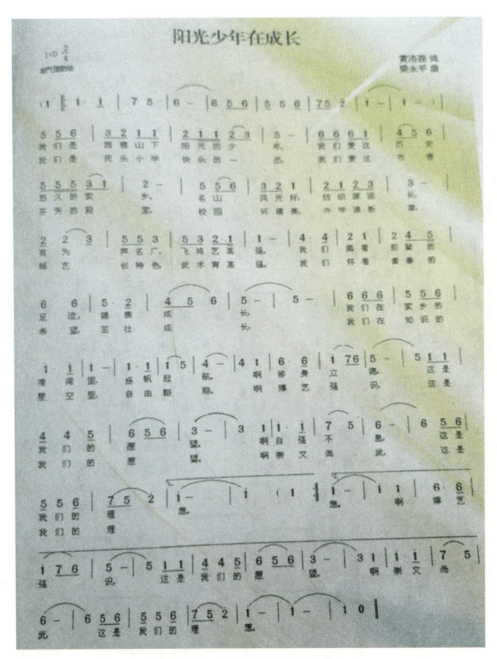

附图8 《阳光少年在成长》乐谱节选

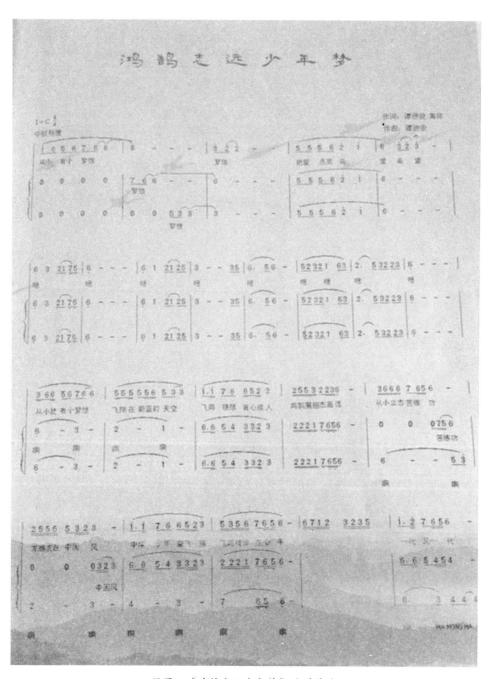

附图9 《鸿鹄志远少年梦》乐谱节选

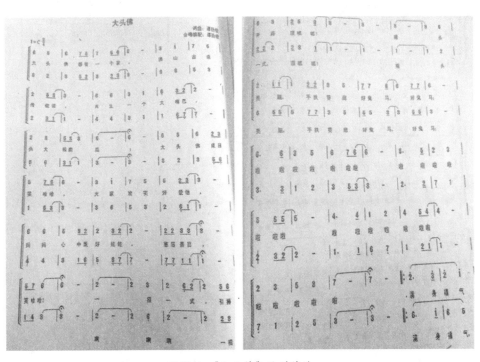

附图10 《南狮》乐谱

附图11 《大头佛》乐谱节选

少年志·说少年

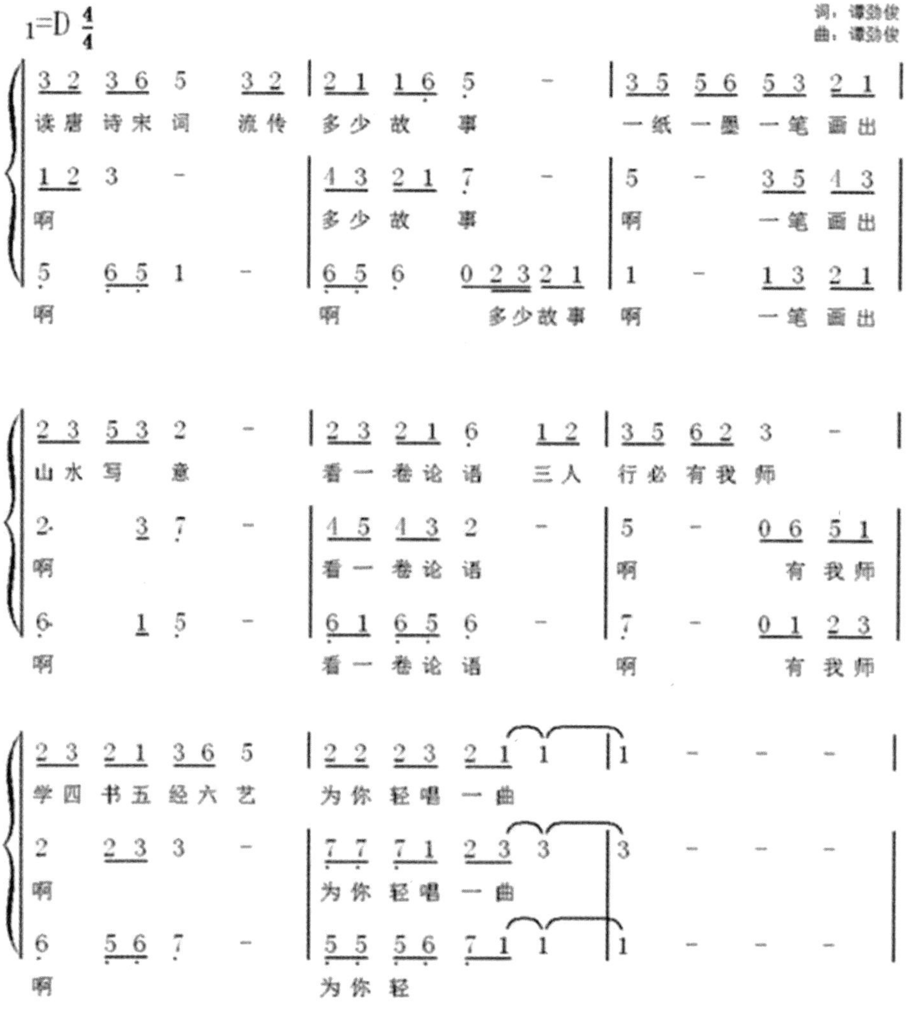

词：谭劲俊
曲：谭劲俊

附图12 《少年志·说少年》乐谱节选

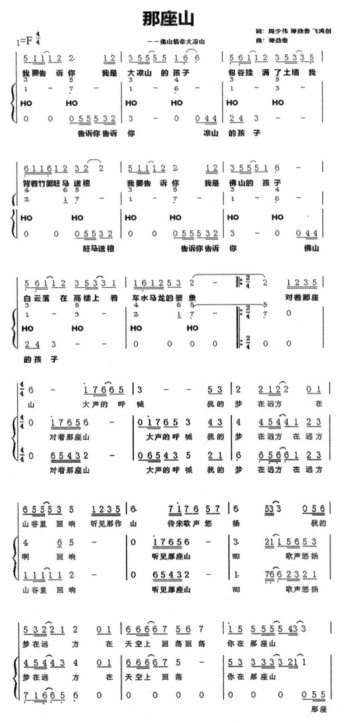

附图13 《那座山·佛山情牵大凉山》乐谱节选